中学生・高校生のための
ソーシャルスキル・トレーニング

スマホ時代に必要な人間関係の技術

渡辺弥生・原田恵理子 編著
WATANABE YAYOI　HARADA ERIKO

明治図書

まえがき

　「ソーシャルスキル」という言葉は，トレーニングで獲得することができるという前向きな考えを打ち出しています。社会的な"能力"，向社会的な"性格"といった表現を用いてもよいかもしれませんが，いずれも固定されたイメージがあります。しかし，このソーシャルスキルという言葉を用いると，努力次第でぐんと伸びていくようなステップアップを想像することが可能になります。そして，対人関係を築き円滑に維持し，社会に適応していくための知恵や術，コツといった具体的なターゲットとして捉えることができるようになります。

　子どもの発達をさかのぼってみると，幼児期に子どもがトイレに1人で行けるようになるのも，小学生になってお風呂に1人で入れるようになるのも，親や周囲の人たちが一生懸命生活習慣のスキルを教え込むから可能になるのです。「ここがお風呂場だよ。まずかけ湯をしよう。シャンプーを手に取って，こうやって……」というように，手塩にかけて教えることによって，できるようにしたのです。つまり，「説明（インストラクション）」して，「モデリング（手本を見せて）」を活用し，毎日「リハーサル（練習）」し，「上手だね」とフィードバックし，おばあちゃんの家に行ってもできるよね（チャレンジ）と，別の場面でもできるように促して，こうしたスキルを獲得させてきたのです。

　ところが，思春期や青年期になると，親や周囲の人は細やかにかかわることをやめ，放任しがちです。そのため，友達関係や学校でのトラブルや葛藤に，どのように向きあい解決したらいいかという生きるためのソーシャルスキルを子どもたちは学べなくなっています。学校も問題を予防することに時間をかけず，出てきた問題の対応に追われてしまいがちです。

　この本は，中高生を対象に，学校生活に必要な，生きる力の土台となるソーシャルスキルをターゲットにし，子どもたちが意欲的に学べる授業を提案しています。特に，昨今の問題行動を引き起こす背景で取りあげられるスマホやネットに対応するスキルの他，怒りなどの「感情」をマネジメントできるようなスキルも含めています。

　この本の刊行にあたり，茅野現様には大変お世話になりました。あたたかく穏やかな指針をいただいたことに感謝致します。各章の執筆は，ソーシャルスキル・トレーニングの導入に尽力してくださり，子どもたちの気持ちに寄り添う支援に情熱的に取り組んでいただいている先生方にお願い致しました。素敵な実践を提案していただき深謝致します。

　多くの先生方が子どもたちのソーシャルスキルを磨くために，この本を活用してくださることを切に願っております。

渡辺弥生・原田恵理子

もくじ

まえがき

1章 スマホ時代の子どもたちに育てたいソーシャルスキルとは

1. ソーシャルスキルとは？
なぜソーシャルスキルが必要か ……… 6
2. 現代の中学生・高校生に必要なソーシャルスキル
子どもの心に寄り添って ……… 8
3. ソーシャルスキルをどのように学習するか
ソーシャルスキル・トレーニング（SST）の実践に向けて …… 11
4. 簡単にできる学校への導入
年間カリキュラムと授業のポイント ……… 13
5. ソーシャルスキルの向上と学校危機の予防 ……… 15
6. プログラムの効果を持続させるために
生活の中に息づくようにするために ……… 17

2章 これだけは，徹底したいターゲットスキル

1. あいさつのスキル
人の心と心をつなぐ架け橋に ……… 18
2. 自己紹介のスキル
初対面でも仲よくなれるきっかけを ……… 24
3. コミュニケーションのスキル：話すスキル
伝えよう，心から ……… 30
4. コミュニケーションのスキル：聴くスキル
相手に関心をもって ……… 36

5 感情を理解するスキル
複雑な感情に気づく ……………………………………………………… 42

6 感情をコントロールするスキル
怒りの下にある気持ちとは ……………………………………………… 48

7 あたたかい言葉をかけるスキル
自分がうれしいことをしてみたら ……………………………………… 54

8 質問するスキル
ちょっとした勇気が大きな学びに ……………………………………… 60

9 やさしく頼むスキル
助けを借りたい時もある ………………………………………………… 66

10 謝るスキル
まごころを伝えるために ………………………………………………… 72

11 上手に断るスキル
相手を傷つけない意思表示とは ………………………………………… 78

12 立ち止まって考えるスキル
ケアレスミスを防ぐには ………………………………………………… 84

13 SNSによるコミュニケーションスキル
仲よしでいるために ……………………………………………………… 90

14 自尊心を高めるスキル
イケてる自分を発見できる ……………………………………………… 96

15 異性と上手にかかわるスキル
違うからこそ互いに思いやる …………………………………………… 102

16 計画を実行するスキル
目的を達成するために …………………………………………………… 108

17 問題解決のスキル
いろいろな問題に落ち着いて対応するために ………………………… 114

18 ストレスに対応するスキル
自分の心と身体の関係とは ……………………………………………… 120

1章 スマホ時代の子どもたちに育てたいソーシャルスキルとは

ソーシャルスキルとは？ なぜソーシャルスキルが必要か

人とつながりたい，という欲求

　ネットの世界が広がっています。友達とのやりとりも楽になり，帰宅したらもう明日まで会えない友達や，以前の学校で一緒だった友達とも簡単にチャットなどができます。フェイスブック，LINE，ツイッターで知りあいが増え，今何をしていて，どんな食べものが好きか，趣味からうわさ話まで，たわいないことを互いにやりとりして楽しむこともできます。いつでも頭に浮かんだことや思いついたことをツイッターでつぶやけば，びっくりするほどたくさんの友達から賛同を得ることができます。不便なところに住んでいようが，たくさんの人たちとすぐに交流できるのは，とても魅力的なことです。

　子どもたちの，誰かとつながりたいという欲求の強さや，関心をもたれたいという気持ちはよくわかります。

　しかし，よいことばかりではありません。現実には困ったことがかなり起きています。ネットの世界ばかりに膨大な時間を使い，勉強など他に有意義に使える時間をむしばんでいます。一方的なつぶやきやメールは対面のコミュニケーションの時間を減らします。互いの表情やしぐさ，声を聴いて，互いの考えや気持ちを推測しながら，コミュニケーションをつむぐ経験が不足していきます。一緒に遊ぶ経験の少なさから，思いやる気持ちが育たず，すぐにキレたり，友達との関係を簡単に切ったりと，適切に問題を解決する力を獲得することが難しくなります。

　そのため，身近な家族やそばに座っている仲間を大事にすることができず，携帯にばかり気をとられ，夜中に布団の中でまでメールやゲームに時間を使い，結果的に信頼できる対人関係を築けずに，常に不安や孤独感につきまとわれているとしたら，これは由々しき問題です。

トラブルの背景に対人関係の問題が

　不登校の生徒は，相変わらず少なくありません。学校に通っている生徒も，暴力やいじめ，友人関係の問題が絶えません。文部科学省の「平成25年度　児童生徒の問題行動等生徒指導上の諸問題に関する調査【12月訂正値】」の統計の中で「不登校になったきっかけと考えられる状況」に注目し，人間関係や規則，遊びといったソーシャルスキルに関する項目と意欲や情緒的な混乱の項目のみを図にしてみると右のようになります（図１）。

　ここから不登校の背景として，小学校からしだいに無気力の割合が増えていることや，情緒

的な混乱をきたす子どもたちの割合が少なくないことがわかります。また，友人関係や親子関係など対人関係の問題が背景にあることもわかります。無気力や情緒的混乱が対人関係と関連があるか否かは推測の域を出ませんが，普通に考えて対人関係がよければ無気力や不安が少ないと考えると，その問題がからんでいると容易に想像がつきます。

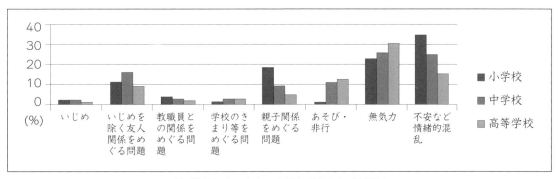

「不登校になったきっかけと考えられる状況」
図1　平成25年度　児童生徒の問題行動等生徒指導上の諸問題に関する調査【12月訂正値】より

本来，子どもたちは学校で意欲的に学ぶことが求められていることを考えると，学業だけではなく対人関係の問題を解決していくソーシャルスキルを育てることが必要なことは言わずもがなです。

ソーシャルスキルとは

この本は，ソーシャルスキルを，「対人関係を円滑に築き維持するスベやコツ」と考えています。教えて学ぶことができる具体的なことをイメージできるよう「スベやコツ」としています。同時に，例えば「乱暴で困っている」子どもを「乱暴な性格」として捉えず，「人にやさしくすることを具体的に学んでいないからだ」と考えます。

したがって，性格のせいにして「乱暴な性格ね」と叱るのではなく，「やさしく行動することはどんなことか」を具体的に教えることを意図しています。それは，単に，行動を教えるだけではなく，やさしさについての考えや，やさしくされると感じるあたたかい気持ち，さらには具体的な話し方や行動まで，子どもにわかるように教えます。

特に最近は，感情についても学ぶことが可能であると考えられ，ソーシャルスキルだけでなく，感情のリテラシー（感情について理解したり表現する力）を学ぶことにも力点が置かれています。そして，ソーシャルスキルや感情のリテラシーの学びが，ひいては学力の向上にもつながることが明らかにされてきています。そこから，ソーシャルスキル・トレーニングではなく，ソーシャル・エモーショナル・ラーニングとも呼ばれるようになっています。

子どもたちは，本来素敵な仲間をつくりたいと思っています。誰もはじめから孤独になりたい，嫌われたいとは思っていません。友達とのかかわり方を知らないがために，孤独な世界に迷い込んでしまわないよう，このスベやコツをはやく教えてあげましょう。

現代の中学生・高校生に必要なソーシャルスキル 子どもの心に寄り添って

子どもの心をのぞいてみよう！

　大人は，ついつい子どもにとって理想的なことを考え，その理想を伝えようとしますが，子どもにとっては押しつけがましく，反抗的な態度をとるようになります。子どもに必要なソーシャルスキルを考えるためには，まずは，子どもの発達的な特徴をよく理解しておく必要があります。すなわち，子どもの心に寄り添って伝えようとする大人の思いやりがあってこそ，こうしたソーシャルスキルを教えていくことができるのです。

　もちろん，個人差や性差はありますが，おおよそ中学生や高校生の特徴と考えられることはわかっています。文部科学省のサイトには，**子どもの発達段階ごとの特徴と重視すべき課題**が記載されていますが，下記で具体的に説明します。

●アイデンティティの変化

　中学生の時期は，親や友達と異なる自分独自の内面の世界があることに気づきはじめる時期です。同時に，自意識と客観的事実との違いに悩み，さまざまな葛藤をするようになります。「自分は何者なのか」といった意識が，中学生から高校生，ひいては大学生の時期にかけて強まっていきます。現在の自分のことを考えたり，過去をふり返ったり，未来を展望したりしますが，自分という存在を，時間軸でくし刺しにできるような一貫性をもつことがなかなかできません（時間的展望能力の未熟）。

　また，この時期に，興味深い自己中心性として，2つのことがあげられます。

　1つ目は，「想像上の観衆」という自己中心性です。顔にニキビがちょっとできるだけでも，みんながそれについて話しているように思ったり，自分の口臭を友達が嫌がっているのではないかといった過敏で時に強い被害者意識をもったりする傾向があります。

　2つ目は，「個人的寓話」と呼ばれる自己中心性です。自分や自分の考えが特別で独創的であると考えがちです。地球上の誰もが受けたことのない苦しみを自分だけが背負っているのではないか，なぜ自分だけがこんな嫌な目にあうのかといった考え方や感じ方をする傾向があります。

　こうしたかたよった感じ方や考え方は，本来多くの人とかかわる中で，他者の視点を認識できるようになり，役割取得能力（相手の立場を理解し想像する能力）を獲得し，自己中心性が弱まってきます。しかし，昨今は，多くの人とかかわる機会が薄れていたり，対面のコミュニ

ケーションの経験が不足するため，さらに自己中心的な考え方を強めたりします。
●対人関係の変化
　大人との関係よりも友達関係に，自らへの強い意味を見いだすようになります。「心理的離乳」と呼ばれ，親から独立したいと思うようになります。そのため，あれこれと指図されると親に対して反抗的になり，友達からの意見を重視するようになります。相談も，親ではなく友達に話すようになります。その影響で，親もはれものにさわるような対応になり，放っておいてしまいがちです。そのため，結果的に親子のコミュニケーションが不足し，溝が深まる時期です。友達との関係が深まり，多くの楽しみを享受し学ぶことが多い一方で，仲間同士の評価を強く意識しすぎるために，他者との交流を避けたり，消極的になったりする傾向も見られるようになります。他人の意見や考えへの同調傾向が強くなり，一緒に行動したり，意見をあわせたりする一方で，「誰からも理解されていない」とか「自分の考えは違う」といったしっくりこない感情などをもちます。あるいは，友達関係の変化にジェラシーを強く感じたり，束縛しすぎたりといったことも起こります。

●異性への興味関心の高まり
　第二次性徴を迎えます。ホルモンの変化から，男女とも身体の変化だけではなく，異性への関心が強まり，異性からどのように見られているかといった意識が強まります。外見などへの劣等感を強くもったり，そうした話題の中で，仲間からからかわれたりと，自信を失うこともあります。また，最近のネットの世界の広がりで，不特定の異性や時には同性と仲間になり，非行に走ったり，犯罪にまき込まれたりする可能性も高まっています。

大人が子どもに対してする必要な支援とは

　先に述べたことは，どちらかというと発達的にリスクのある特徴ですが，じつは，こうした危うさや葛藤，性的な関心をもつことはすべて健全な発達の過程と言えます。つまり，このような悩みや葛藤を乗り越えるからこそ，社会で独り立ちできるような自律性や，対人関係能力や実行力を獲得できるようになるのです。中学生や高校生が，将来たくましい社会人になるには，彼らの不安定さや未熟さを知った上で，どのように大人が支援していくかということが重要な鍵を握っています。彼らは放っておくと，混乱したまま，葛藤を乗り越えられずに，低い自尊心から，さまざまな問題行動を起こしかねないのです。

　したがって，親も教師も，地域の人も，子どもが離れようとするからといってつき放してはいけません（見守りもせず，放任するという意味です）。心の目でよく見てあげることが必要です。子どもにどのように友達とうまくやっていけばよいか，解決の方法を教えたり，子どもの悲しみや苦しみを理解してあげたり，サポートしてあげたりすることが求められます。親や教師が子どもに対してする必要な支援を具体的にあげるとすると以下のことが考えられます。
■ソーシャルサポート：これは，子どもが何か苦しいことに直面した時に，「必ず助けてくれ

る」「自分を必要としていてくれる」という確信を強めるサポートです。甘やかすこととはまったく異なります。子どものサインに敏感になり，目の合図だけでもよいので関心をもっていることを伝えましょう。親は味方であることを，こまめに伝える態度がこうした確信を強めます。話を聴いてあげる（心理的サポート），一緒に楽しい時間をもつ（娯楽関連的サポート），具体的な解決策を考える（問題解決サポート）なども大切です。

■自尊心を高める支援：子どもは，自分の力を仲間と相対的に比べることが多く，自分のことを否定的に見がちになります。「弱い性格だからだ」と性格のせいにせず（性格のせいにするとさらにその考えが強まり効果がありません），すばらしいこと，できていることを認めてあげ，評価してあげることが大切です。学業だけを重視する傾向がありますが，友達関係，生活習慣，運動関係など，子どものすばらしさを認めてあげる領域やトピック，状況はたくさんあるはずです。

■メディアにくわしくなる：時代が違うからと，新しいツールをはなから否定して，大人がうとくなりすぎると，子どもの視点からどのようなことが困ったことになるのか，想像がつかなくなります。時には，子どもから教えてもらったり，一緒に使ってみたりすること自体が，話題をつくりますし，どのような力が不足しているのか，どういったことが得意なのか，新たな面を発見することができるようになります。

■コミュニケーションを大切にする：友達を重視するからといって，大人を嫌いになるわけではありません。やはり，大人に頼りたくなることや，大人にあこがれをもっていることが少なくありません。また，大人に心配をかけたくないといった子どもなりのやさしさもあります。子どもに高いスキルを求めずに，大人が目線を下げて，子どもの視点に立ってあげるようなやさしさが必要です。

求められるコンピテンシー

　以上の支援のあり方を基本にして，青年期の子どもに身につけてほしいコンピテンシー（単なる知識だけではなく，技能や態度を含むさまざまな心理的・社会的なリソースを活用して，特定の文脈の中で複雑な要求（課題）に対応することができる力）には，3つのことが考えられます。

　①**対人関係能力**：自分の視点から，他者の視点，社会の視点，さらには地球規模の視点といった空間的な広がりを認識できる力，②**時間的展望能力**：過去から現在，そして未来を通して，多くのことがらを関連づけ，見通す力，③**メタ認知能力**：自分がわかっていること，わかっていないことに，客観的に気づくことができる力，です。こうしたコンピテンシーがあれば，社会人として立派に独り立ちしていけるでしょう。このような総合能力と呼ぶべきコンピテンシーを育てるためにも，本書の実践編「これだけは，徹底したいターゲットスキル」を基本として獲得することが必要なのです。

3 ソーシャルスキルを どのように学習するか
ソーシャルスキル・トレーニング(SST)の実践に向けて

SSTの継続的な実践と定着化

SSTを実践し，さらに定着させて継続的な実践をしていくためには，SSTの学習は避けて通ることができません。そこで重要になるのがSSTの理論を理解して実際に体験をすることです。理論をしっかりと理解しておくことにより，実践でのつまずきやとまどいを理論に立ち戻って確認することができ，理論にもとづいた指導ができるようになります。事前に研修担当者が企画する段階で「SSTを実践する意義や目的」を確認することにより，自校の教育課程における位置づけが明確になり，管理職の理解のもとで校内体制が整い，学習する体制につながることにもなります。SSTの実施に向けた勉強の流れは，以下の表1のように，計画し，実行します（金山, 2006：渡辺・小林, 2012）。

①深刻化する教育問題（いじめ，不登校，学級崩壊，暴力，LINEトラブルなど）に共通する「社会性の未熟さ」「コミュニケーション力の不足」を取りあげて問題提起を行う。
②ソーシャルスキルとSSTについて説明する。
③SSTを学校（学年集団，学級など）で行う意義を伝える。
④SST実践に対するモチベーションを高める。
⑤SSTの流れ（インストラクション→モデリング→リハーサル→フィードバック→ホームワーク→定着化）を説明する。
⑥SSTの体験（模擬授業）を行う。
⑦実践事例をビデオなどを用いて授業展開もあわせて紹介し，その成果を説明する。
⑧SSTの効果は科学的に検証されていることを伝える。
⑨SSTに対する批判的側面についてふれ，専門家の見解をふまえた自らの考えを丁寧に伝える。
⑩学校教育活動全体を通して援用できるSSTの活用方法や定着化に向けた取り組みについて紹介する。
⑪質疑応答の時間を設ける。
⑫SSTに関する図書や文献を紹介する。

表1 SSTの実施に向けた校内研修の展開例（出典：金山, 2006：渡辺・小林, 2012を一部修正し引用）

まずは，SSTを実施するにあたり，子どもたちが抱えている課題や問題を取りあげ，問題提起を行います。課題や問題を教師間で共有し，子どもたちのために「SSTを実施してみよう」といった思いをもってもらうことが大事になります。これについては，いじめ，不登校，学級崩壊，暴力などの教育問題に共通した「社会性の未熟さ」「コミュニケーション力の不足」が要因の1つであると具体的な例を示しながら説明します。特に近年は，子どもたちのスマートフォンなどの使用によるSNSなどを活用したコミュニケーションに伴うトラブルやいじめ，他者に対する誹謗中傷などのケースが増加し，ネットワーク上のコミュニケーションに傾倒し，対面での対人関係のコミュニケーションが苦手で不得意という子どもも少なくありません。対

面とネットワーク上のコミュニケーションは表現の仕方は異なりますが，他者の立場になって思いやりのある行動をとることが大事だという点は同じです。日常の生活で普段から相手を思いやることができる人はネットワーク上でも同じ行動をすることが明らかにされています（大貫・鈴木，2008）。つまり，日常のコミュニケーションから児童・生徒が自分自身で判断して行動できる力を支援することが重要になってくるため，情報モラルで指導する「自分の情報や他人の情報を大切にする」「相手への影響を考えて行動する」「自他の個人情報を，第三者にもらさない」などは，ソーシャルスキルで育みたい「人にあたたかい心で接し親切にする」「友達と仲よくし助けあう」「他の人とのかかわり方を大切にする」「他人を大切にする」などが基盤になると言えます。このように深刻化する教育問題に対してSSTが役立つことを理解し，SST実施のための教師の動機づけを高めることが，学習をする上でとても大事になります。

　そして，SSTの授業の流れとして，本時で扱うターゲットスキルを学ぶ意義と子どもの動機づけを高める導入としての「インストラクション」，具体的なモデル（やり方）を見せてコツを教えて行動を学ぶ「モデリング（観察学習）」，そして学んだことを実際に「リハーサル（練習）」をくり返す中で，先生や友達から直接ほめられたり叱られたり（強化）といった「フィードバック」をもらって改善し，意欲的に行動に取り入れていくといった展開を説明します。また，学んだ知識は，日常生活のさまざまな場面で再現され経験として積み重なって，その人自身の行動レパートリーとして定着すること，「フィードバック」は特に自分自身を知る重要な手がかりとなり，評価されている自分や長所と短所などを統合して自己概念を形成するのに役立つことも伝えます。これらSSTの理論的背景と授業の流れをふまえて実際にSSTを体験します。加えて，実践事例を口頭やDVDなどで紹介するとSST自体を具体的にイメージしやすくなります。

　さらに，実践する集団の特性や実態（アセスメント）にあわせてターゲットスキルを選択し，学校教育全体の活動にも援用できることを伝え，定着化に向けた校内支援体制の整備や研究授業，SST実践後の事例や指導案の検討会，図書や文献に目を通すといったことを推奨します。特に，SSTを実践している最中は，「これでよいのだろうか」「あの場面ではどのようにしたらよかったのか」など，さまざまな迷いが生じやすいものです。その時には，実践をしている先生方同士で研修会や自主的な勉強会をもつ中で，意見を出しあい，アイデアや疑問を共有しあうことでSSTの内容の幅が広がるでしょう。SSTが何か特別な指導法を必要とするということではなく，板書や掲示物の工夫，プリントや資料の作成，モデリングや指導の工夫，グループ構成や座席の位置の工夫，適切な声かけ，生徒のやる気やトラブルへの介入など，学級で取り組んでいるさまざまな取り組みの中で，利用できる知見やヒントに多く気づくことができ，適切に援用できる活用について共有します。

　状況に応じて，SSTの専門家を招いて研修会を行うことも学習方法の1つです。年間計画の中にこれらを組み込むことで，教師全体で学びあう環境を整備していくことも必要です。

簡単にできる学校への導入
年間カリキュラムと授業のポイント

年間指導計画とSSTの位置づけ

「とりあえず何かやってみよう」「管理職や担当者などがSSTをやるように言った」など，子どもたちの実態やニーズを把握せず，また，教育目標やねらいが明確でないままにSSTを行っては，教師と子どもたちが達成感や成就感を得ることができないばかりか，スキルの獲得ができないことにもなりかねません。それでは，かえってSSTに対する強い拒否感や未定着といった問題を抱え込んでしまいます。そこで，まずは年間指導計画を立てる時に，学校（学級）でSSTを実施する必要があるのか，そして実施する場合は子どもたちのアセスメントにもとづいたターゲットスキルを選択し，どの時期に，どの授業で何回実施し，誰が授業をするのかといったように，教育活動全体の中で系統的・体系的になるようにします。言いかえると，SSTの授業における目標や身につけさせたい資質・能力，学習内容（ターゲットスキルとそのポイント），指導方法，指導体制，評価計画，各教科等との関連など，全教育活動におけるSSTの位置づけが明らかになるように作成するということになります（図2）。

また，SSTの全体計画を配慮して作成することを通して，以下の3点に整理できます。
①集団（学級）で身につけさせたい資質・能力の系統性を明らかにすることができる。
②総合的な学習の時間，特別活動，道徳，各教科などの授業において，学習指導要領における「社会性」「コミュニケーション能力」「対人関係能力」「体験活動」といったキーワードを押さえておくことにより，内容の系統性が明らかとなる。
③実施した授業，例えば総合的な学習の時間と各教科などとで関連する学び方や内容が連続したつながりをもつ指導へと展開できる。

ファシリテーターの存在

年間指導計画やSSTの全体計画をするためには，とりまとめをしてくれる人が重要になってきます。教育相談担当，道徳教育担当，養護教諭など，その立場を担う人は各学校でさまざまですが，担当者に共通する要素として取りあげられるのが「ファシリテーター」としてのスキルです。ファシリテーターとは，「学習や議論の進行など，何かしらを促進する機能を担う」あるいは「実施においてニーズを把握し，実施する集団（学校・学年・学級など）を決定し，その集団の課題を統合してプログラムの内容を企画立案し，実際の展開をリードする」といった

役割をもちます。つまり、全体を見通しつつ、集団及び個の動きを捉え、適切かつ柔軟に対応・支援していく力が求められるとも言えます。校内研修について言うならば、より効果的な実践力（教師の質の確保）と研修システムをつくる立場になります。役割としては、①SST全体の運営・管理の責任者となる、②その集団やグループのプロセスの観察者・援助者である、③SSTの実施スケジュールを管理する、④研修の講義および実践実習の指導者あるいは研修のコーディネーターとなる、があります。これらを担うためには、①実施する先生方や授業を受ける子どもたちと「共にある」ということ、②援助的であること、③先走らずに状況を見守る姿勢を保つこと、④失敗を恐れずに果敢に挑み、失敗を糧にする視点をもつこと、⑤状況に対して感受性が豊かであること、といった姿勢や態度が望まれます。ファシリテーターとして特に重要になってくることは、公平な立場になって話しあいや実践のプロセス（流れ）に介入してファシリテーションを行うということです。ポイントは、①発言を促す、②話の流れを整理する、③授業者（参加者）の認識の一致を確認する、④合意形成や相互理解をサポートする、⑤その場を活性化させる、という5つです。これらは、学校に導入する時や校内研修などで、組織や教師間の壁をこえて話しあい、互いの関係を円滑にして、チームワークがよくなる方法の1つとなるため、SSTを学校に導入する時にはとても重要になってきます。

校内支援体制

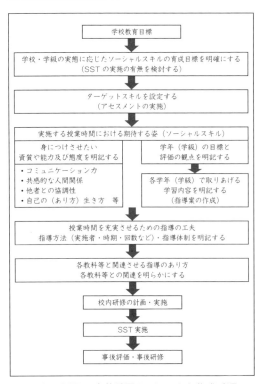

図2　SSTの全体計画のフレームと作成手順

先述した年間指導計画とその位置づけがなされた中で、ファシリテーターの役割をもつキーパーソンを置いた校内支援体制を整えていくことがSSTの実践を展開していく上でとても重要になります。管理職などからのトップダウンではなく、ソーシャルスキルを育成したいという担任教師などが積極的に実践していくボトムアップとなるよう、研修や勉強会を充実させる学校風土や組織改革も大切になります。そして、教師同士でSSTの実践における問題に対処し、その解決策を立案・実施していく過程で生じる実際の行動とそのふり返りを通じて、教師個人や教職員集団、組織自体が研鑽しあっていく校内支援体制にします。そして、養護教諭、スクールカウンセラーなど、子どもたちにかかわるさまざまな立場の人も支援体制における重要な資源として、おおいに活用していく視点が求められます。

ソーシャルスキルの向上と学校危機の予防

学校危機

●学校危機とは？

　危機とは，個人や集団がいつもの問題解決手段では逃れることも解決することもできず，危険な状況にさらされる状態と考えることができます。これに該当する状況としては，例えば地域レベルだと，事故，自然災害，事件，そして個人レベルでは，病気，離婚，転居や就職といったものがあげられます。つまり，その出来事を体験したことによって，その人の生活が大きく変わるのであれば，「危機」として捉えることができるのです。

　学校がこうした危機的状態に置かれる状況には，表にあげたようにさまざまなものがあります。これらの中で，自殺，児童・生徒による殺傷事件といった危機は，主に人間関係に起因していると考えられます。学校は，子どもや教師で構成される「集団の場」ですから，常にこうしたリスクがそばにあると言えるでしょう。

1	児童・生徒の自殺	・自殺現場の目撃 ・原因が明確―学校外の要因	・原因が明確―いじめ ・原因が不明
2	学校の管理責任下での事故	・授業中，部活中 ・外部からの侵入者による事件	・校外学習中の事件・事故
3	校外で生じた事故による死	・事故現場の目撃	・行動を共にした構成員
4	地域の衝撃的な事件 自然災害による被害	・児童・生徒が衝撃的な事件の被害 ・児童・生徒が自然災害の被害 ・学校全体が自然災害の被害	
5	児童・生徒による殺傷事件	・被害者が学校関係者	・被害者が学校関係者以外
6	教師の不祥事の発覚	・体罰，わいせつ行為	・被害者が児童・生徒
7	教師の突然死	・教師の突然死 ・自殺現場の目撃	・教師の自殺

表2　学校危機の要因（窪田，2005より）

　こうした学校危機は予防しなければなりません。心も体も傷ついた子どもが出てから対応するのではなく，傷つく子どもを出さないように指導する，これにつきるのです。

　学校危機の予防には，特定の子どもの指導だけではなく，学校全体として指導を進めることが必要です。2013年に公布，施行されたいじめ防止対策推進法でも，学校が講ずべき基本的施策として，早期発見や相談体制の整備とともに「道徳教育等の充実」などもあげられています。

このことからも，学校危機を予防するために，学校全体で取り組んでいくことが必要ということがわかります。

●子どものソーシャルスキルと学校危機との関連

学校危機の予防にソーシャルスキルがおおいに関連している，と言ってもピンとこない人もいるでしょう。例えば，下図にA校とB校の例をあげています。

A校は，子どもたちのコミュニケーションが良好なため，子ども同士のトラブルが少ない学校です。そのため，子どもたちはみんな学校が楽しいと感じており，いじめや不登校の子どもがほとんどいません。また，コミュニケーションが良好なことから，授業場面で子ども同士がグループ活動で議論したり，教えあったりして学びあうことができます。生徒指導にかける時間が少ないことから，教師に時間的にも精神的にも余裕が生まれ，教材研究にも十分に時間をとることができています。そのため，学力の向上にもつながっています。

一方，B校は子どもたちのコミュニケーションがぎくしゃくしているため，子ども同士のトラブルが多発しています。「学校がしんどい」と訴える子どもも多く，いじめや不登校の子どもがたくさんいます。そのため，教師が生徒指導にかける時間が長くなり，教材研究にかける時間をとることができずにいます。さらに，教師が子どもの緊急のトラブルに対応しなければならず，そのためやむを得ず自習をせざるを得なくなることもあります。さらに，授業でも子どもたちから意見が出にくく，グループ活動がうまくいかず，かえって授業がザワザワしてしまいます。B校は，いじめなどの学校危機のリスクが高いだけでなく，学力も伸び悩んでいます。

このように，A校とB校の例を見ると，子どもたちのコミュニケーションを良好に保つことは学校危機を予防することにつながることがわかります。さらにこれだけでなく，学力にも非常に関連してくると考えられます。そのため，「学校危機を予防するために教師は何をすればよいか」という問いに対する1つの取り組みとして，子どもたちのソーシャルスキルを高めるソーシャルスキルの教育を行っていくことがあげられます。そして，その実践を，可能であれば学年もしくは学校全体として，できる限り学校全体のコミュニケーションの質を高めるよう取り組みを進めていくとよいでしょう。

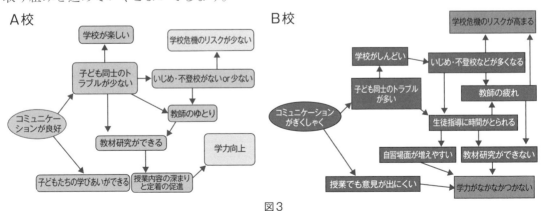

図3

6 プログラムの効果を持続させるために 生活の中に息づくようにするために

　本節では，ソーシャルスキル・トレーニングの効果を持続させる取り組みを取りあげます。どのような教育方法やプログラムであっても，授業だけでは定着しません。教科の知識や技能，表現がそうであるように，ソーシャルスキルについても定着を意図した取り組みが重要になります。まず「効果の持続」をどのような観点から捉えるのか考えてみましょう。

効果の持続とは何か

　行動の変化の形態として3つの分類が考えられています。「反応維持」「場面般化／状況般化」「反応般化」です。これをソーシャルスキル・トレーニングの効果と捉えるなら，反応維持とは学習したターゲットスキルの遂行が授業終了後も維持されること，場面般化／状況般化とは授業で取りあげた場面や人々以外に対して学習したターゲットスキルが発揮されること，反応般化とは授業で学習したターゲットスキルと同じ働きをする別のスキルが発揮されることとなります。つまり，効果の持続はこれらの観点から評価することができます。

学校のすべての人，あらゆる場所で

　効果を持続させる具体的な手続きには，「ホームワーク」「ブースター・セッション」「教室内の環境整備」があります。ホームワークは，いわゆる宿題でワークシートなどを用いて学習したスキルの知識の定着化とスキル遂行への動機づけを高めるものです。教室単位で一斉実施しやすく，提出されたワークシートに教師がコメントを記入することで個別に支援できるという利点があります。ブースター・セッションは，復習のための授業を行うことです。学習した内容を確認し，リハーサルの機会を与えることで定着化を促します。授業として1時限を設定する場合もありますが，授業時間中や朝と帰りの学級活動，家庭といった日常生活の中で機会があるごとに学習を行う手続きの有効性も報告されています。教室内の環境整備は，掲示物にスキルの知識を記載し子どもたちがいつでも確認できるようにすることで定着化を図るものです。これらの方法をいくつか組みあわせて実施するのが一般的です。いずれの手続きにも共通する点は，すべての教師と学校内外のあらゆる場所が子どもたちのスキルを引きだし，スキルを発揮しやすい状況と環境を創りだそうとしている点です。つまり，効果の持続には，そのような変化を学校内外にもたらすこと，それを計画することが重要になります。

2章 これだけは，徹底したいターゲットスキル

スキル1 あいさつのスキル

人の心と心をつなぐ架け橋に

このスキルのテーマ～主題設定の理由～

近年，子どもたちは，家族や友達との日常的なかかわりの中で，本来自然に身につける社会性を得る機会がないまま成長してしまう傾向にある。あいさつもその中の1つと考えられる。

なかにはあいさつの大切さを頭では理解しているものの，思春期ならではのはずかしさから元気よくはっきりと心を込めた気持ちのよいあいさつができない生徒もいる。そのため，「あいさつ」という行為が，相手の気持ちを和やかなものにすると同時に，自分自身の気持ちも和やかなものにすることができることを認識させる必要がある。

すなわち，「あいさつ」には人と人との心を結ぶ大切な役割があり，良好な人間関係をつくる第一歩につながることに気づかせることをねらいとする。

インストラクションの板書例

```
あいさつのスキル
   なぜあいさつをするのか？
   ・相手に対する礼儀だから
   ・仲よくするため
   ・お互いの気持ちをよくするため

   頭ではわかっているけれど，
   はずかしくてできない！

   【あいさつのポイント】
   声・表現  「元気な声」「はっきりと」
   表情    「笑顔」アイコンタクト
           「相手の目を見る」
   態度    「相手に身体を向ける」

   【授業のルール】
   ・じゃましない
   ・はずかしがらない
   ・ひやかさない
   ・積極的に参加する
   ・グループでの話しあいを
     大切にする

   あいさつのモデリングを見て，
   よかった点，悪かった点
```

授業中，そのまま残しておく，消さない。

・生徒の意見を書いたり，写真を貼ったりする。
・授業のルールを掲示し，注意を促す時はルールにしたがって「確認」を行うとよい。
（他スキルでも同様）

ねらい

良好な人間関係をつくる第一歩となるあいさつのスキルを身につける。その際には,あいさつをされた相手が思わず笑顔になるよう,「元気な声で」「相手の目を見て」あいさつをすることを大切にする。そうすることで,相手の気持ちを和やかなものにするだけでなく,自分自身の気持ちも和やかになることを実感させたい。また,あいさつが人と人との心をつなぐ架け橋になることに気づかせたい。

本スキルの取り扱いポイント

(1) 資料の取り扱い

第1の着眼点は,「あいさつをする」ことの意義について考えさせることである。「なぜあいさつをするのか」という発問に対し,生徒は"礼儀だから……"や"あたりまえのこと"と答えることが予想される。しかし,「あいさつ」というちょっとした行為が,良好な人間関係をつくる第一歩となっていることにも気づかせたい。

第2の着眼点は,あいさつのスキルについて,モデルを通して理解を深めることである。2種類のモデリングを見せ,よかった点,悪かった点について話しあわせる。そして,ロールプレイを通して,相手の気持ちや自分の気持ちを和やかにするあいさつのスキルのポイントを理解して身につけさせるとともに,その後の実生活に役立てられるよう促していきたい。

(2) この時間での工夫

ただあいさつのポイントを示すだけでは,生徒は「今後の生活に生かしたい」という切実な思いを抱くことなく,授業を終えてしまう可能性がある。なぜなら,生徒はあいさつの大切さを頭ではすでに理解できているからである。そこで,あいさつの大切さは理解できているが,思春期ならではのはずかしさから,実際に行動に移せないもどかしさがあることに着目したい。また,あいさつを受けた側の気持ちにスポットをあてることで,生徒があいさつはお互いを前向きにさせる行為だと気づき,「あいさつのポイント」の大切さをよりいっそう実感するとともに,切実な思いを抱いて授業に臨むことができるようにしたい。

評価の観点と事後指導

【評価の観点】 あいさつの意義およびポイントは理解できたか。
　　　　　　　ポイントにもとづいて,あいさつの練習をすることができたか。
【事後指導】 日頃からポイントにもとづいたあいさつを心がけさせたい。

指導案

	学習活動・主な発問と予想される生徒の発言	指導上の留意点
導入	■ソーシャルスキルの考え方や授業のルールについて説明する。 「ソーシャルスキルを使うと、仲のよい関係をつくることができます。つまり、相手も自分も気持ちのよい人間関係を築くことができ、その関係を続けていくことができます」	○授業のルールを確認する。 ○具体例を示してわかりやすく説明する。 ○何かがうまくいかない原因が「性格のせい」ではないことを強調する。
展開	【インストラクション】 ■「あいさつをすること」の意義について説明する。 「『あいさつ』は人と人との心を結ぶ大切な役割があります。また『あいさつ』というちょっとした行為が、相手の気持ちを和やかにします。同時に、自分自身の気持ちも和やかにし、成長させていきます」 ＜あいさつのポイント＞ 声・表現…「元気な声」「はっきりと」 表情………「笑顔」 　　　　　　アイコンタクト「相手の目を見る」 態度………「相手に身体を向ける」 【モノローグ】 ■相手が笑顔になるあいさつをした経験、またはあいさつをされて気持ちがよかった経験を教師が語る。 【モデリング】 ■「これからあいさつの場面の例を2つ見せます。相手が笑顔になるあいさつがどのようなものなのか違いを探しましょう」 （悪い例）：相手に身体を向けずに目線を落とし、暗く小さな声であいさつする。 （よい例）：相手に身体を向け目を見て、笑顔で明るいあいさつをする。 ■「2つの例に、どのような違いがありましたか」 【リハーサル】＆【仲間からのフィードバック】 ■グループであいさつの練習をしてみる。全員の練習が終わったら、よかった点、こうすればもっとよくなる点について話しあう。	○「なぜあいさつをするのか」といった発問を入れ、「あいさつ」の必要性を感じられるように生徒の意見を板書する。 ○あいさつの大切さを頭ではわかっているが、思春期ならではのはずかしさから上手にできない場合があることを説明する。 ○声・表現だけでなく、表情や態度も、相手の気持ちを和やかにするあいさつには欠かせないことに気づかせる。 ○「おはようございます」「いただきます」といった他のあいさつの言葉や種類についても気づかせたい。 ○悪い点だけでなく、よい点にも注目させる。また、あいさつを受けた側の気持ち（表情）にも注目させる。 ○積極的な発言を促し、よかった点、悪かった点をポイントごとに区別して板書する。 ○ワークシートを配布する。 ○「生徒役」「先生役」「観察者」を決め、全員が異なる役割を実施できるようにする。
終末	【教師からのフィードバック】 ■あいさつのスキルを学ぶことを通して、あいさつが人と人との心をつなぐ架け橋となり、あたたかな人間関係をつくるきっかけにつながることに気づかせる。 【チャレンジ】 ■日常生活の中で、ポイントを意識したあいさつをできるように促す。	○あいさつのよさや大切さを話し、今後の生活で継続して取り組んでいこうとする実践意欲を高める。

ワークシート

氏名（　　　　　　　　　　　　）

あいさつのスキル

1　「あいさつをすること」の意義

> 「あいさつ」というちょっとした行為が，相手の気持ちを和やかにするだけでなく，自分の気持ちも和やかにしてくれます。また「あいさつ」は，良好な人間関係をつくる第一歩となります。
> 「あいさつ」は人と人との心をつなぐ架け橋です。

> 【あいさつのポイント】
> 　声・表現　「元気な声」「はっきりと」
> 　表情　　　「笑顔」アイコンタクト「相手の目を見る」
> 　態度　　　「相手に身体を向ける」

2　これから次の場面設定で「あいさつ」の練習をします。終了後に，よかった点やもっとこうすればよくなる点について話しあいます。お互いにとって気持ちのよいあいさつができるでしょうか。

①場面
・生徒が，朝，職員室に日誌を取りに行き，自分の席に座っている担任の先生に声をかける場面。

②場面設定
> ・生徒…日誌を取りに行き，先生にあいさつする生徒
> ・教師…日誌を取りにきた生徒にあいさつをされ，返答する先生

③リハーサルの流れ
・先生のそばまで行き，顔をあわせて，笑顔で「○○先生，おはようございます」と元気よくあいさつをする。
・「先生，日誌を取りにきました」と用件を告げる。

3　他のメンバーのあいさつのよかった点，こうすればもっとよくなる点をメモしておきましょう。

> 　

4　他のメンバーからアドバイスしてもらったことをメモしておきましょう。

>

ふり返りシート

氏名（　　　　　　　　　　　）

1　今回の授業で取りあげたスキルは「あいさつのスキル」でした。
　　今日の授業をふり返ってみましょう。

	もう少し				できた
①5つの授業のルールを守ることができた。	1	2	3	4	5
②今回の授業の内容について理解できた。	1	2	3	4	5
③今回の授業に積極的に参加できた。	1	2	3	4	5
④学んだスキルを積極的に生活に取り入れてみようと思う。	1	2	3	4	5

2　「あいさつのスキル」のどのポイントが大切だと思いますか。具体的に，どのように生かしたいと思いますか。あなたの考えを書いてください。

3　今回の授業を通して学んだこと，思ったことなどを自由に書いてください。

練習で君もスキル名人！

氏名（　　　　　　　　　　　　）

チャレンジシート

1　学んだスキルを生活の中でどのくらい生かすことができましたか。
　①～③についてふり返り，「よくできた時は○」「ときどきできた時は△」「できなかった時は×」をつけましょう。

　　　　　（　　）月（　　）日から（　　）月（　　）日まで

あいさつのスキル	月	火	水	木	金	土	日
①「元気な声」で「はっきりと」あいさつすることができた。							
②「相手に身体を向け」「相手の目を見て」あいさつすることができた。							
③「笑顔」であいさつすることができた。							
気持ちのよいあいさつに必要なことだな，と思うことがあれば下に加えて1週間できるかやってみましょう。							

2　「あいさつのスキル」で，上手にできたのは具体的にどのような場面でしたか。

3　「あいさつのスキル」を練習した感想や気づきを書きましょう。

2章　これだけは，徹底したいターゲットスキル

自己紹介のスキル
初対面でも仲よくなれるきっかけを

このスキルのテーマ～主題設定の理由～

　はじめて出会った相手のことを知る上で，自己紹介は欠かせないものである。学校においても，入学や進級などで新しい仲間と出会う中で，自己紹介が必要となる場面はこれまでにも数多く経験してきたであろう。しかし，「自分のことを上手に伝えられない」「人前で話をするのが苦手である」という生徒も少なくない。そのため，自己紹介を通して，初対面の相手でも仲よくなれるきっかけづくりが必要となる。

　自己紹介をする時に，単にあいさつをしたり，自分の名前を言ったりするだけでは，相手に自分のことを上手に伝えられていない。仲よくなるためには，お互いのことを知る必要がある。「自分の特徴」や「会話のタネ」を入れ，「結びの言葉」まで丁寧に伝えることで，相手に自分のことを理解してもらうだけでなく，あたたかな人間関係をつくるきっかけにもつながることに気づかせることをねらいとする。

インストラクションの板書例

```
自己紹介のスキル                    【授業のルール】
 ①名前を言う                       ・じゃましない
 ②自分の特徴を言う                 ・はずかしがらない
 ③②の内容をくわしく伝える         ・ひやかさない
 ④結びの言葉を入れる               ・積極的に参加する
   【言葉以外のポイント】           ・グループでの話しあいを
   ①声の大きさ                       大切にする
   ②表情
   ③姿勢                           自己紹介のモデリングを見て，
   ④距離                           よかった点，悪かった点
   ⑤アイコンタクト
   ⑥身ぶり・手ぶり
```

授業中，そのまま残しておく，消さない。　　　生徒の意見を書いたり，写真を貼ったりする。

ねらい

あたたかな人間関係をつくるための自己紹介のスキルを身につける。その際には,「自分の特徴」や「会話のタネ」を入れ,「結びの言葉」まで丁寧に伝えることを大切にする。そうすることで,相手に自分のことを理解してもらえ,あたたかな人間関係をつくるきっかけづくりにもつながることに気づかせたい。

本スキルの取り扱いポイント

(1) 資料の取り扱い

第1の着眼点は,「自己紹介をする」ことの意義について考えさせることである。ここでは,教師のモノローグ(語り)のアプローチを用いる。その中で,単に自分に名前を伝えるだけでは,相手に自分のことをわかってもらえず,仲よくなったとは言えないことに気づかせる。

第2の着眼点は,自己紹介のポイント(言葉以外のポイント)についてモデルを通して理解を深めることである。2種類のモデリングを見せ,よかった点,悪かった点について話しあわせる。そして,ロールプレイを通して,初対面の人でも仲よくなれる自己紹介のスキルを身につけさせるとともに,その後の実生活に役立てられるよう促していきたい。

(2) この時間での工夫

自己紹介をすることの意義について考えさせたり,モデリングの比較をさせたりすることで,生徒は自己紹介をすることの意義を十分に理解し,必要性を感じた上でリハーサルを行うことができる。ここでは,リハーサルを行う前のワークシートへの記入の時間を十分に確保したい。なかなか自分の特徴を書けない生徒もいることをふまえ,インストラクションの時に,「自分のよいところ」に目を向けさせることも大切になる。そして,ワークシートにしっかりと相手に伝える内容を記入した上で,リハーサルを行いたい。

(例)①名前　②自分の特徴　③②のくわしい内容　④結びの言葉

　　「①私の名前は○○です。②私の趣味は,お菓子づくりです。③休日はよく,クッキーやケーキをつくっています。みなさんにも今度食べてほしいです。④よろしくお願いします」

評価の観点と事後指導

【評価の観点】　自己紹介のポイント(言葉以外のポイント)は理解できたか。
　　　　　　　ポイントにもとづいて,自己紹介の練習をすることができたか。
【事後指導】　「自分のことを相手に知ってもらうため」の自己紹介が大切であることに気づかせたい。また,くり返しの練習により身につくことを実感させたい。

指導案

	学習活動・主な発問と予想される生徒の発言	指導上の留意点
導入	1 前回の授業のふり返りと授業のルールの確認を行う。 ○チャレンジの結果をもとにする。 2 アイスブレーキング：生徒同士であいさつをさせる。 ○明るくて気持ちのよいあいさつをした感想を求める。 ・お互いが笑顔になり，あたたかい気持ちになった。 ・これからも続けていこうと思った。	○練習が大事であることを確認する。 ○自分だけでなく，相手の気持ち（表情）がどうであったかに目を向けさせるとともに，今後も継続していけるようサポートする。
展開	【インストラクション】 ■「自己紹介をすること」の意義について説明する。 「あいさつをしたら，もうその人と仲よくなれますか？ おそらくそんなことはないと思います。誰かと仲よくなるためには，お互いのことをもっとよく知る必要があります。そのためには，『自己紹介』が必要です」 ＜ポイント＞ ①名前を言う。 ②自分の特徴を言う。 ③②の内容をくわしく伝える。 ④結びの言葉を入れる。 【モノローグ】 ■「自己紹介のスキル」を練習するために，ワークシートに記入する。 【モデリング】 ■「これから自己紹介の場面のモデリングをします。2種類の場面を見て，よかった点・悪かった点を発言してもらいますので，しっかりと見ていてください」 （悪い例）：「私の名前は，○○です。趣味はありません。（暗い表情で）よろしくお願いします」 （よい例）：「①私の名前は○○です。②私の趣味は，お菓子づくりです。③休日はよく，クッキーやケーキをつくっています。みなさんにも今度食べてほしいです。④よろしくお願いします」 ■「モデルを見て，どのような印象を受けましたか」 【リハーサル】＆【仲間からのフィードバック】 ■グループで自己紹介の練習をしてみる。全員の自己紹介が終わったら，よかった点，こうすればもっとよくなる点について話しあう。	○生徒がわかるように例を用いて説明する。 ○「自分のよいところは何ですか」といった補助発問を入れることで，生徒のイメージもわきやすくなる。 ○「言葉以外」のポイントも示す。 ①声の大きさ ②表情 ③姿勢 ④距離 ⑤アイコンタクト ⑥身ぶり・手ぶり ○ワークシートを配布する。 ○記入する時間を十分に確保する。 ○自己紹介のポイントに着目させる。話す内容だけでなく，表情にも注目させる。 ○積極的な発言を促し，よかった点，悪かった点を区別して板書する。 ○できる限りワークシートを見ないで行うように促す。
終末	【教師からのフィードバック】 ■自己紹介をすることが，あたたかい人間関係をつくるきっかけにもつながることに気づかせる。 【チャレンジ】 ■日常生活の中で意識的に取り組んでみるよう促す。	○自己紹介のよさや大切さを話し，一人一人の心に余韻が残るようにする。

ワークシート

氏名（　　　　　　　　　　）

自己紹介のスキル

1　「自己紹介のスキル」のポイント

【ポイント】	【言葉以外のポイント】
①名前を言う ②自分の特徴を言う ③②の内容をくわしく伝える ④結びの言葉を入れる	①声の大きさ　②表情 ③姿勢　　　　④距離 ⑤アイコンタクト ⑥身ぶり・手ぶり

2　これから自己紹介の練習をします。その前にどのような内容で自己紹介をするのかを考えてみましょう。

①　名前　⇒「私の名前は_____です」

②　自分の特徴　「好きなもの・こと」や「得意なこと／ハマっていること」など

　　⇒「私の趣味は，お菓子づくりです」

③　②の内容をくわしく紹介するための具体例やエピソード

　　⇒「休日はよく，クッキーやケーキをつくっています。みなさんにも今度食べてほしいです」

④　結びの言葉　⇒「みなさんと仲よくなりたいです。よろしくお願いします」

3　他のメンバーの自己紹介のよかった点，こうすればもっとよくなる点を書いてください。

氏名	よかった点・改善点

2章　これだけは，徹底したいターゲットスキル

ふり返りシート

氏名（　　　　　　　　　　）

1　今回の授業で取りあげたスキルは「自己紹介のスキル」でした。
　今日の授業をふり返ってみましょう。

	もう少し　→　できた				
①5つの授業のルールを守ることができた。	1	2	3	4	5
②今回の授業の内容について理解できた。	1	2	3	4	5
③今回の授業に積極的に参加できた。	1	2	3	4	5
④学んだスキルを積極的に生活に取り入れてみようと思う。	1	2	3	4	5

2　学んだ「自己紹介のスキル」に具体的にどのように取り組みたいと思いますか。
　あなたの考えを書いてください。

3　今回の授業を通して学んだこと，思ったことなどを自由に書いてください。

練習で君もスキル名人！

氏名（　　　　　　　　　）

チャレンジシート

1　学んだスキルを生活の中で練習してみましょう。練習した相手からは，「よかった点」や「こうするともっとよくなる点」のアドバイスをもらいましょう。

【「自己紹介のスキル」のポイント】

【ポイント】	【言葉以外のポイント】
①名前を言う ②自分の特徴を言う ③②の内容をくわしく伝える ④結びの言葉を入れる	①声の大きさ　②表情 ③姿勢　　　　④距離 ⑤アイコンタクト ⑥身ぶり・手ぶり

練習をした相手の名前	もう少し ⇒ できた
	1　2　3　4　5
	1　2　3　4　5
	1　2　3　4　5

【工夫した点】

【アドバイスをもらった点】

2　「自己紹介のスキル」を練習した感想や気づきを書きましょう。

スキル3 コミュニケーションのスキル：話すスキル
伝えよう，心から

このスキルのテーマ〜主題設定の理由〜

　話をするということは日常生活の中で誰もがしている行為である。しかし，自分が思っているほど相手にきちんと伝わっていないことがある。それは，話が一方通行になっている，独りよがりで自分だけが納得した話になっている，相手のことを考えて話していない，といったことがあるからである。

　話すこと・聴くことはコミュニケーションの出発点であり，そこから相互の関係性が築かれる。会話そのものは簡単なことと見られるが，実際はうまくいかないことも多い。会話が成立するのに大事なことを見逃しているのではないか，もう一度自分自身をふり返り，よりよいコミュニケーションのあり方を考えたい。

　「話す」という基本的な行為にも方法やスキルがあり，それを生かすことで会話がスムーズに進み，よりよい関係を築くことにつながることを理解させる。そして学習したスキルを日常で活用してみようとする姿勢があると，そこからよりよいコミュニケーションがとれ，日常生活が円滑に送れるようになることを再確認したい。

インストラクションの板書例

```
話すスキル                    【授業のルール】
                              ・じゃましない
話が伝わるとは　相互の理解が深まること   ・はずかしがらない
                              ・ひやかさない
【ポイント】                   ・積極的に参加する
①言語的部分（内容）            ・グループでの話しあいを
②非言語的部分（話し方）          大切にする
③思いやり（気持ち）
```

＊随時生徒の発言や感想を右側に記録していく。

ねらい

　良好な関係をつくるには，相手の話を聴き，自分が伝えたいことをきちんと伝えることが必要となる。そのためには，日常の会話に「伝わらない」ことがあるということに気づかせ，「伝わる」話し方にはポイントやスキルがあり，それを身につけることできちんと伝えることができ，コミュニケーション力が向上するということに気づかせたい。

本スキルの取り扱いポイント

(1) 資料の取り扱い

　第1の着眼点は，インストラクションに生徒の実体験や教師の体験を取り入れ，実生活とのかかわりが大きいことを意識させることである。話している時に，じつは言いたいことだけを一方的に言っている場合が多いのではないかということに気づかせ，授業に入っていく。

　第2の着眼点は，モデリングをお互いにやってみてどう感じたか，ポイントを意識することでそれがどう変わるのかに気づかせ，ワークシートにまとめることである。リハーサルでは違った場面設定でやってみるが，その際話題を1つ加えて話にふくらみをもたせる工夫をしたい。

(2) この時間での工夫

　ここでは，モデリングを見るのではなく，簡単と思われる「あいさつ」や「ものを借りる」といった題材について自身でモデリングを実施することで，伝わる話し方と伝わらない話し方について，日常をふり返らせたい。また，2～3人のグループでお互いに見あい，話しあうことで，どういった情報が伝わるのか，非言語の部分の重要性を確認したい。さらにポイント③の「思いやり」では，同じことがらでも言い方1つでプラスにもマイナスにもなることが日常の場面でよく見られること，プラスの話し方だとしっかり伝わることに気づかせたい。

　リハーサルでは場面を変えたり，話題を1つ加えてやってみたりすることで，実際に使えるよう工夫したい。またそれをお互いが評価しあうことで，定着をはかる。

評価の観点と事後指導

【評価の観点】　自らの体験を通して具体的に表情豊かに表現することができたか。
　　　　　　　ポイントを理解し，よりよいかたちをリハーサルとしてできたか。
　　　　　　　グループの仲間を観察し，よい点をフィードバックできたか。
【事後指導】　日常での変化を観察し，スキルを使ったよい行動には肯定的評価を与える。
　　　　　　ポイントを意識させる場面を見逃さずに指摘する。

指導案

	学習活動・主な発問と予想される生徒の発言	指導上の留意点
導入	1　前回の授業のふり返りと授業のルールの確認を行う。 2　あらためてなぜ「話す」のか，話をしないとどうなるかを問う。 ・話したいから。話さないとわからない。 ・コミュニケーションをとる。 ・関係をつくる。	○基本の確認をする。 ○生徒の話をくみとる。 ○コミュニケーションの出発点であることを確認する。
展開	【インストラクション】 ■今日のスキルを紹介し，話がうまく伝わらなかった生徒の実体験を聴く。または教師が経験を話す。 ■「話すこと」で大事なこと（＝伝わること）を確認する。 　＜そのためのポイント＞ 　①言語的部分（内容…何を伝えたいのかを明確にする） 　②非言語的部分（話し方…声量，表情，身ぶり・手ぶり，アイコンタクト） 　③思いやり（心を込める＝相手を思いやる） 【モデリング】 ■(1)あいさつをする　(2)ものを借りる 　ともに，うまく伝わらないと思うやり方でまずやってみる。 ■次にポイント①・②を意識してやってみる。 ■ポイント③の相手を思いやるとはどういうことか。 　＊何か仕事を任されて…「まだ半分しか終わらないの」 　　「こういう言い方をされたらどう思う？ 　　　どんな気持ちが込められているかな？」 　→マイナスをプラスにしよう…「もう半分終わったね」 　　言った方，言われた方，ともに気持ちの変化を述べあう。 【リハーサル】＆【仲間からのフィードバック】 ■a・bはモデリングとは違った場面を想定してやってみる。 　cは時間を決め話がふくらむよう意識しやってみる。 　aあいさつをしよう。　bものを借りてみよう。 　c最近の出来事で気になっていることを話そう。 ■やってみた感想を述べあう。	○教師の自己開示も必要。 ○ポイントを示して確認。 ○一方的にならず，相手の様子を観察しながら話すことの重要性も加える。 ○相手を思いやるためには，相手の立場になって考え，行動することが大事である，といったことを確認する。 ○グループで，いろいろなパターンでやってみる。 ○ややオーバーにやる。 ○気配りがないと思いが伝わらない。 ○感想をグループで話しあう。 ○他に例がないか探す。 ○話題を１つ加えてみるとよい。 　例えばaなら天候の話を加えてみるなど。 ○お互いのフィードバックが大事であることを確認する。
終末	【教師からのフィードバック】 ■話すことは聴くことであり相互交流が必要であること，非言語的部分のしめる割合が多いことを再確認する。 【チャレンジ】 ■日常生活の中でこのスキルのポイントを意識してみる。結果として相互の関係がよりよくなることを実感する。	○話すことで気持ちが変わる（自分も相手も）。 ○相手への思いやりがあるときちんと伝わる。この視点はフェイスブック，LINEといったSNSを利用する時も同じであると補足する。 ○日常のどの場面でも練習できることを伝える。

ワークシート

氏名（　　　　　　　　　　　　　　）

話すスキル

1 「話をする」とは

【話をする】
　一方的なコミュニケーションではなく，相手があって成り立つもの。伝えたいことを明確にし，相手を尊重して，伝わるように話すこと。

【ポイント】
①言語的部分（内容…何を伝えたいのかを明確にする）
②非言語的部分（話し方…声量，表情，身ぶり・手ぶり，アイコンタクト）
③思いやり（心を込める＝相手を思いやる）

2 モデリングをしてみて気づいたこと，感じたことをまとめましょう。

「あいさつをする」「ものを借りる」でポイント①・②を意識しない場合，した場合。

ポイント③の「思いやり」でマイナスの言い方とプラスの言い方，それぞれの場合。

3 リハーサルから学んだことをまとめましょう。

・話題を加えた時にどう変わりましたか。
・ポイントを意識してやってみて相手の感想はどう違いましたか。

ふり返りシート

氏名（　　　　　　　　　　）

1　今回の授業で取りあげたスキルは「話すスキル」でした。
　　今日の授業をふり返ってみましょう。

	もう少し　→　できた				
①5つの授業のルールを守ることができた。	1	2	3	4	5
②今回の授業の内容について理解できた。	1	2	3	4	5
③今回の授業に積極的に参加できた。	1	2	3	4	5
④学んだスキルを積極的に生活に取り入れてみようと思う。	1	2	3	4	5

2　なぜ「話すスキル」は大切なのだと思いますか。あなたの考えを書いてください。

3　今回の授業を通して学んだこと，思ったことなどを自由に書いてください。

練習で君もスキル名人！

氏名（　　　　　　　　　　　）

チャレンジシート

1　学んだスキルを生活の中でどのくらい生かすことができましたか。
　①～④についてふり返り，「よくできた時は○」「ときどきできた時は△」「できなかった時は×」をつけましょう。

　　　　（　　）月（　　）日から（　　）月（　　）日まで

話すスキル	月	火	水	木	金	土	日
①何を伝えたいのかしっかり意識して話すことができた。							
②非言語的部分を意識して伝えようとした。							
③相手を思いやる気持ちをもって話すことができた。							
④相手の話を聴き，相互理解ができた。							

2　「話すスキル」で，上手にできた，うまく対応できた，と思える具体的な場面を書きだしてみましょう。

3　「話すスキル」を，実際の生活の中でよりいっそう活用していくためにはどんな点に気をつけたらよいでしょうか。自分の気づきを書いてみましょう。

スキル 4 コミュニケーションのスキル：聴くスキル
相手に関心をもって

このスキルのテーマ～主題設定の理由～

コミュニケーションを成立させるためには，聴くことが必要となる。聴き手側が聴いているつもりでいても，話し手側が聴いてもらっていないと感じる場合，円滑なコミュニケーションは成り立たない。このような認識の行き違いは，生徒間だけではなく教師と生徒の間でもたびたび起こる。教師が根気強く「しっかり聴きましょう」と伝えても，生徒が考える「聴く」の意味との間にくい違いがあると，状況は改善しない。生徒は「しっかり聴いているのになんで自分は注意されるんだ」と感じ，教師との信頼関係を築けなくなってしまう。

そこで，このスキル学ぶことによって，こうした認識の行き違いを少なくし，「聴く」ことが信頼関係を結ぶ上で大切であると実感させたい。クラス内に聴き上手が増えることは，話を聴いてくれる友達がいると実感できる生徒が増えることにつながり，ひいては，コミュニケーションをとることが下手だと悩む生徒が少なくなることが期待できる。

また，進路決定の時期には，「聴く」ことは，面接指導などでも必要な基本のスキルである。「聴く」ことが，具体的にどういうことなのかしっかりと理解できるようにし，日常生活の中で自然に使えるよう意識させたい。

インストラクションの板書例

```
聴くスキル                        【授業のルール】
                                 ・じゃましない
                                 ・はずかしがらない
                                 ・ひやかさない
                                 ・積極的に参加する
①身体を向ける                     ・グループでの話しあいを大切にする
②あいづち・うなずき
③視線（アイコンタクト）           生徒の意見，考えを板書する
④最後まで話を聴く＋質問（確認）   生徒の名前を貼ったマグネットを置くと，
  する                           誰の意見だったかわかりやすい

                                 さとう ……………………
                                 やすだ ……………………

                                 ※クラス全員のマグネットを活用してもよ
                                   い
                                 ※男女を色分けしたマグネットでも可
```

本スキルの取り扱いポイント

(1) 資料の取り扱い

　生徒たちが「聴くスキル」の授業に意欲的に取り組めるようにするためには「『聴くこと』は大切だな」と生徒が実感できるようにしなければならない。日々の学校生活を見ていると「聴く」ことの重要性を一番わかってもらいたい生徒が，なかなかその重要性に気づけないことが少なくない。そのような場合にも，クラスの大半の生徒が真剣に打ち込む環境をつくることによって，スキルの練習に気持ちを向かわせる努力をしたい。

　第1の着眼点は，生徒にこのスキルを学びたいという強い意欲をもたせることである。そのために，教師は自分の実体験を話し，生徒の関心を引きたい。その上で，「聴く」ことの大切さ，また，コミュニケーションをとる上でも重要なことだと気づかせたい。

　第2の着眼点は，モデリングを活用することである。モデルは，生徒が実際に体験する可能性の高い，あるいはよく起きている例を示し，視覚的にコミュニケーションにおける「聴く」ことの大切さを生徒が感じられるよう工夫する。

(2) この時間での工夫

　授業を主導する教師が，授業前に模擬授業をすることが大切である。その際，教師（または，TA）が協力して，互いにモデリングの練習をするとよい。授業中の生徒の理解や取り組みに大きく影響する。自分では気づかない点を知ることができ，話しあいながらモデリングを改善することができる。

　実際に行う時は台本を見ながらではなく，自然な流れでできるようにすることが望ましい。セリフの丸暗記ではなく，どんな点を印象づけるモデリングを行うのか，うちあわせて練習しておくと，生徒にポイントを明確に伝えることができる適切なモデリングを実行することができる。

評価の観点と事後指導

【評価の観点】　「聴く」ということの重要性を理解できたか。
　　　　　　　「聴くスキル」のポイントを使って，ペアの人の話を聴くことができたか。
【事後指導】　総合的な学習の時間，道徳，ショートホームルーム，各教科の授業などで，教師はスキルのポイントを意識する場を積極的につくる。
　　　　　　生徒をよく見て，スキルを使った時はほめる。進路を意識している生徒には，どんな時に必要なのか，具体的に結びつけて提示する。

指導案

	学習活動・主な発問と予想される生徒の発言	指導上の留意点
導入	■前回の授業のふり返りと授業のルールの確認を行う。 【インストラクション】 ○会話には話すこと以外に何が必要か生徒に考えさせる。 ①モノローグを語る。 ○教師の実体験を語る。 ○生徒数人に感想をきく。 ②聴くスキルを学ぶことが大切であると生徒に伝える。	○練習が大切であることを確認する。 ○意見をクラス全体で受け入れられる雰囲気を意識する。 ○さまざまな意見が出るがそれぞれを尊重して返答する。 ○聴くスキルを学ぶメリットを伝える。
展開	【モデリング】 ■「聴く」ことの重要さを気づけるようにする。 ○「聴く」時にはどんなことをしているか生徒自身が考える。 　モデル1（悪い例）：2人で話しているにもかかわらず、聴く側はスマートフォンに夢中で目線もあわせず、気持ちのない返事をする。 　　　　　　　　　→生徒に発問し、意見をきき、板書する。 　モデル2（悪い例）：2人で話している途中で電話がかかってきて、電話に出て話をしはじめる。 　　　　　　　　　→生徒に発問し、意見をきき、板書する。 ○聴く時にはどうしたらいいか？　生徒が考える→意見をきく。 ○生徒から出た意見を交えながらポイントを確認する。 ■「聴く」時にどんなことをしているのかわかりやすくまとめる。 　＜ポイント＞①身体を向ける　②あいづち・うなずき 　　　　　　　③視線（アイコンタクト） 　　　　　　　④最後まで話を聴く＋質問（確認）する 　までをポイントとして説明する。 　モデル3（よい例）：2人で話していて、聴いている側は4つのポイントを使いながら話を聴いている。 【リハーサル】＆【仲間からのフィードバック】 ■4つのポイントを意識してペアワークで練習する。 ①話のテーマを指定し、何をテーマに話すかを考える時間をとる。 ②ペアワーク（1分）＜聴き手と話し手を交替して行う＞ ③ワークシートを記入する。 ④ペアでやってみた感想と相手の「聴くスキル」のよかった点を伝えあう。	○クラス全体がそれぞれの意見を受け入れたと伝わるよう拍手を促す。 ○どうしたら「聴く」ということになるのか生徒自身に考えてもらう。 ○非言語面だけでなく、「そうだね」「なるほど」といった言葉の面にも気づかせたい。 ○板書する。 ○それぞれについて具体例を出し説明する。教師の経験も交えるとなおよい。 ○コミュニケーションが円滑になると会話の内容が違ってくることを生徒に認識してもらう。 ○生徒に意見をきく。 ○ペアを工夫する（座席表）。 ○積極的な取り組みをほめる。 ○うまくできないペアにも練習すればうまくなることを伝える。
終末	【教師からのフィードバック】 ■ふり返りシート記入→生徒の発表。 ■「今日は『聴くスキル』をやりました。話してくれる人の方に①（やっている作業を止めて）身体を相手に向け、②あいづちをうちながら、③視線を適度にあわせ、④最後まで聴き、そして、わからないことを質問したり、感想を伝えたりします。これにより、話す人は気持ちよく話をし、聴く人は話を引きだすことになり、コミュニケーションがスムーズになります。つまり、聴き上手は話し上手になるということです」などとまとめる。 【チャレンジ】 ■チャレンジシートについて短く説明する。 ■シートの活用を促す。	○積極的な取り組みをほめる。 ○板書したポイントを指しながら確認する。 ○練習が大切であることを確認する。

ワークシート

氏名（　　　　　　　　　　　　　　　　）

聴き上手になろう！

1　エクササイズの方法

ペアワーク：聴く人と話す人を決めます

【聴く人】
1　30秒間，聴くスキルのポイントの復習をします。
　①（やっている作業を止めて）身体を相手に向ける　②あいづち・うなずき　③視線（アイコンタクト）　④最後まで話を聴く＋質問（確認）する
2　ペアの相手の話を「聴くスキル」のポイントを意識して聴きます。質問したかったら質問してもかまいません。
3　ペアの相手に「聴くスキル」のポイントでよくできたところを教えてもらいワークシートに記入します。

【話す人】
1　話す内容を考えてください。話す時間は30秒です。
2　話すスキルのポイントを意識して話しましょう。
3　話し終わったら，ペアの相手の「聴くスキル」のよかったところをメモします。
　書き終わったらそれをペアに伝えます。

役割を交替してもう一度やります

2　相手のよかった点を記入しましょう。

ペアの名前：　　　　　　　　　　　　メモ：ペアの相手の「聴くスキル」でよかった点

3　「聴くスキル」を自己採点しましょう。

	もう少し　→　できた				
①身体を向ける	1	2	3	4	5
②あいづち・うなずき	1	2	3	4	5
③視線（アイコンタクト）	1	2	3	4	5
④最後まで話を聴く＋質問（確認）する	1	2	3	4	5

4　ペアになった相手に「聴くスキル」でよかった点をききましょう。

ペアの名前：　　　　　　　　　　　　メモ：ペアの相手にほめられた「聴くスキル」でよかった点

ふり返りシート

氏名（　　　　　　　　　　　）

聴くスキル
【ポイントのまとめ】

「聴くスキル」（非言語面）　　　　　言葉の面（質問や同意）

| ①身体を向ける
②あいづち・うなずき
③視線（アイコンタクト）
④最後まで話を聴く | | ・それはどういうこと？
・ふーん　・へー
・そうだね　　　など | | 聴くスキル |

1　今回の授業で取りあげたスキルは「聴くスキル」でした。
　　今日の授業をふり返ってみましょう。

	もう少し　→　できた				
①5つの授業のルールを守ることができた。	1	2	3	4	5
②今回の授業の内容について理解できた。	1	2	3	4	5
③今回の授業に積極的に参加できた。	1	2	3	4	5
④学んだスキルを積極的に生活に取り入れてみようと思う。	1	2	3	4	5

2　学んだ「聴くスキル」について，今後の生活でどのように取り組みたいと思いますか。
　　あなたの考えを書いてください。

3　「聴くスキル」はどうして大切なのでしょう。あなたの意見を書いてください。

練習で君もスキル名人！

氏名（　　　　　　　　　　　）

チャレンジシート
【ポイントのまとめ】

「聴くスキル」（非言語面）
- ①身体を向ける
- ②あいづち・うなずき
- ③視線（アイコンタクト）
- ④最後まで話を聴く

＋

言葉の面（質問や同意）
- ・それはどういうこと？
- ・ふーん　・へー
- ・そうだね　　など

＝　聴くスキル

1　「聴くスキル」を意識して生活してみましょう。

　　　月　　日（　）

がんばったところ

さらに工夫したいところ

　　　月　　日（　）

がんばったところ

さらに工夫したいところ

　　　月　　日（　）

がんばったところ

さらに工夫したいところ

2　気づいたことを書いておきましょう。

2章　これだけは，徹底したいターゲットスキル

スキル5 感情を理解するスキル
複雑な感情に気づく

このスキルのテーマ〜主題設定の理由〜

人間は感情の動物と言われるように，場面場面でいろいろな感情がわくものである。自分だけでなく他の人も同じようにさまざまな感情がわいている。そうしたことは，わかっているように見えて，具体的な場面になると表面に出た言葉が示している感情をそのまま受けとめてしまい，誤解やトラブルにつながることがある。本当の気持ちは１つではなく複雑で，いろいろな感情が入りまじっているものであることを前提に，自己理解・他者理解を進めることで，良好な関係をつくることができる。

自分や相手の複雑な感情に気づき，自らの行動に生かしていくためには，押さえておきたい基本的な考え方やスキルのポイントがあることを理解させたい。さらにそのポイントを日常の中で意識して生活することが大事で，その結果，適切に「感情を理解する」ことができるようになることに気づかせたい。

「感情は複雑」なものであることを常に意識した言動をとることが，良好なコミュニケーションにつながることを体験的に理解させることをねらいとする。

インストラクションの板書例

```
感情を理解するスキル              【授業のルール】
                                ・じゃましない
  喜怒哀楽　感情理解              ・はずかしがらない
  関係を築く＝良好なコミュニケーション ・ひやかさない
                                ・積極的に参加する
  【ポイント】                    ・グループでの話しあいを大
  ①「感情は複雑」                   切にする
  ②表に表れない部分に注目
  ③非言語的な部分にも注目
```

＊随時生徒の発言や感想を右側に記録していく。

ねらい

感情は複雑で，1つの感情だけが思いを支配しているわけではないことを理解する。ゆえに表に出た言葉だけがすべての感情を表現しているのではないことに気づく。

また，自分だけでなく相手も複雑な感情を抱いているのであって，相手の感情を理解しながら接することで，良好な関係を築いていけることに気づかせたい。

本スキルの取り扱いポイント

(1) 資料の取り扱い

第1の着眼点は，モデリングでは自分自身にわいてくる感情の理解を中心とすることである。感情や気持ちを表すカード（カード記載内容は指導案参照）を用意し，言葉に表されたもの以外をより多く引きだしたい。カードの内容は生徒の実態にあわせて工夫を加えるとよい。

第2の着眼点は，リハーサルでは相手にどのような感情がわいてくるかを考えることを中心とすることである。実際にやってみて言葉，声の質や音量，態度などから相手がどういう感情かを理解する。

(2) この時間での工夫

この時間のモデリングは自分たちでお互いに実施してみるセルフモデリングとした。モデリングでは自分自身にわいてくる感情をまず理解する。その際カードを活用する。さらに単純でない気持ちを表すために「その他」カードを有効に利用したい。自分の感情はいろいろとまざっていることを実感した上で，次のリハーサルで，相手の感情を考えてみる。

また，モデリングやリハーサルの際に，非言語の部分（声の大きさや質，表情，態度，身ぶり・手ぶりなど）を変えてやってみることで，自分にどのような感情の変化があるか，また相手の感情把握がどう変わるかを実感してみる。非言語の部分がわからないメールなどのコミュニケーションは，一面的な判断をしやすく誤解を招くことがあることもあわせて理解させたい。モデリングやリハーサルにメールやSNS利用の場面を取り入れる工夫をしてもよい。

評価の観点と事後指導

【評価の観点】　モデリングを通じて自分自身の複雑な感情を理解できたか。
　　　　　　　リハーサルで相手の複雑な感情を引きだすことができたか。
　　　　　　　グループでの活動に前向きに取り組めたか。
【事後指導】　　日常生活でこのスキルのポイントを活用する場面を意識させる。
　　　　　　　感情を理解して適切な対応をとった場合に肯定的評価を与える。

指導案

	学習活動・主な発問と予想される生徒の発言	指導上の留意点
導入	1 前回の授業のふり返りと授業のルールの確認を行う。 2 四字熟語：東西南北，上下左右など一文字を四つ重ねた熟語を考える。しだいに感情の熟語に向かう。 ○喜怒哀楽～これを喜□哀□と一部隠す。「□に入る漢字は？」	○授業の基本を確認する。 ○クイズ形式にしたり，グループで考えたりする。 ○感情を表す熟語であることを指摘し，基本の感情を確認する。
展開	【インストラクション】 ■人にはいろいろな感情があり，表に表れない感情もある。感情を理解することの難しさを話題にして，今日のスキルを紹介する。 　・好きな子に意地悪する。　・怖いもの見たさ。 　・それをお笑い芸にしたのが，「押すなよ，押すなよ……」 ■感情を理解するにはポイントがある。 　①「感情は複雑」を前提とする。 　②表に表れない感情もある(表に表れた感情だけで判断しない)。 　③非言語的な部分にも注目する。 　　最初の声だけでなく，その後の表情や態度も見て判断する。 【モデリング】 ■次の場面①・②で自分自身にどんな感情がわいてくるかをカードを使い表してみる(「その他」のカードを使って，違った表現も引きだす)。 　①相手に足を踏まれて，自分は「いいよ」と答えた。 　②試合終了後，「ありがとうございました」と礼をする。 ■グループで感想を述べあい，いろいろな感情を実感する。 　非言語の部分の違いにより，相手には別の感情が出る。 【リハーサル】＆【仲間からのフィードバック】 ■次の場面a・bで，相手にどんな感情がわいてくるかを考え，実際にやってみる。 　a 自分は集合時間に遅れたが，相手は「いいよ」と言った。 　b 自分は借りた本を返す約束を忘れて返せなかったが，相手は「いいよ」と言った。 ■グループで感想を述べあい，いろいろな感情を実感する。	○感情は１つでないことを例をあげて説明する。誤解や失敗の体験を話してもよい。 ○ポイントを示して確認する。 ○グループでお互いにやってみる。 ○うれしい・怒った・寂しい・悲しい・驚いた・くやしい・はずかしい・その他のカードを用意。 ○言葉とは別の感情を探る。 ○試合では勝った時と負けた時どちらの感情も考える。 ○非言語の部分を変えてやってみるとどう変わるか考える。 ○カードを利用してもよい。 ○たくさんの感情を引きだしたい。
終末	【教師からのフィードバック】 ■感情は複雑で，言葉に表れない気持ちがあり，それを理解することが，コミュニケーションをとるためには大切である。 ■メールやSNSのように非言語の部分がわからないものは文字だけで判断せず慎重に考え，対応する必要がある。 【チャレンジ】 ■日常生活の中でスキルのポイントを意識して，自分自身や相手の複雑な感情を理解しようとすることが，人間関係を良好にすることを実感する。	○複雑な感情を理解すると次にどんな言葉が適切かが見えてくる。 ○「感情は複雑」を頭に入れて対応する。 ○日常のどの場面も練習の場となることを伝える。

ワークシート

氏名（　　　　　　　　　　　　）

感情を理解するスキル　複雑な感情に気づく

1　「感情を理解する」とは

【感情を理解する】
感情は複雑で，表に表れた感情を理解するだけでは不十分で，表に表れない感情も理解する必要がある。

【ポイント】
①「感情は複雑」を前提とする。
②表に表れない感情もある。
③非言語的な部分にも注目する。（声の大きさや質，表情，態度，身ぶり・手ぶりなど）

2　モデリングをしてみて自分自身にわいてきた感情をまとめましょう。

ポイント③の「非言語的な部分」を変えてみてどのように感情が変わったかまとめましょう。

3　リハーサルから学んだことをまとめましょう。
・相手の複雑な感情はどのようなものでしたか。
・メールやSNSなどを使用する時に意識することはどんなことでしたか。

2章　これだけは，徹底したいターゲットスキル

ふり返りシート

氏名（　　　　　　　　　　　　）

1　今回の授業で取りあげたスキルは「感情を理解するスキル」でした。
　　今日の授業をふり返ってみましょう。

	もう少し　→　できた				
①5つの授業のルールを守ることができた。	1	2	3	4	5
②今回の授業の内容について理解できた。	1	2	3	4	5
③今回の授業に積極的に参加できた。	1	2	3	4	5
④学んだスキルを積極的に生活に取り入れてみようと思う。	1	2	3	4	5

2　なぜ「感情を理解するスキル」は大切なのだと思いますか。
　　あなたの考えを書いてください。

3　今回の授業を通して学んだこと，思ったことなどを自由に書いてください。

練習で君もスキル名人！

氏名（　　　　　　　　　　　）

チャレンジシート

1 学んだスキルを生活の中でどのくらい生かすことができましたか。
　①〜④についてふり返り，「よくできた時は○」「ときどきできた時は△」「できなかった時は×」をつけましょう。

　　　　（　　）月（　　）日から（　　）月（　　）日まで

感情を理解するスキル	月	火	水	木	金	土	日
①「感情は複雑」を意識して対応できた。							
②表に表れない感情を理解しようとした。							
③相手の複雑な感情を理解して，自分の言動に気をつけた。							
④自分の複雑な感情を意識できた。							

2 「感情を理解するスキル」で，上手にできた，うまく対応できた，と思える具体的な場面を書いてみましょう。

3 「感情を理解するスキル」を，実際の生活の中でより活用していくためにはどんな点に気をつけたらよいでしょうか。自分の気づきを書いてみましょう。

スキル6 感情をコントロールするスキル
怒りの下にある気持ちとは

このスキルのテーマ～主題設定の理由～

　中高生は発達的視点から見ると，衝動的で不安定であり，自分自身をコントロールしにくいという特徴がある。現場では感情をコントロールできずにいじめや暴力，不登校などの問題が起きている。また，抑え込んだ感情を適切にコントロールできずネット上などで爆発させる生徒が増えているのも事実である。しかし，自分の気持ちを上手に主張し自分の力でうまくコントロールできれば良好な人間関係を築けるだけでなく，中高生が抱える諸問題に対する予防策や解決策にもなり得る。感情にはうれしさ，悲しさ，不安などいろいろあるが，今回はその中でも「怒り」に焦点をあてて感情をコントロールするスキルを身につけさせたい。

　ここでは，怒りなどの不快な感情を表すことや感じることは自然なことで誰もがもつ感情であり，自分の感情を出すこと自体が悪いことではなく，表現の仕方が問題であることを認識させる。以上のことをふまえて自分なりのコントロールの方法を見つけることをねらいとする。

インストラクションの板書例

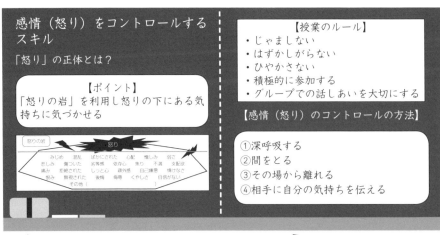

ワークシートに記入させるキーワードや怒りの下にある気持ちを板書し確認する。（「怒りの岩」はワークシート）

事前にボードを作成し提示する。授業後も教室内の見える場所に掲示しておくとなおよい。

ねらい

「怒り」という感情は誰もがもつ感情であり，怒りの感情をもつこと自体は悪いことではない。負の感情は相手への伝え方しだいでトラブルの要因となることがあるのでどのようにコントロールするかが大事であることに気づかせる。また，怒りの下にはさまざまな一次的な気持ちがあり，怒りが二次的な感情であることに気づかせたい。自分にあった感情のコントロールの方法を知り，練習して使えるようになると，嫌な気持ちになった時に適切な対処ができる。また，相手が怒っている場合もその怒りの下にある気持ちに気づくと相手の言動にふり回されない。「感情はぶつけるものではなく適切に伝えるもの」ということを生徒に理解させたい。

本スキルの取り扱いポイント

(1) 資料の取り扱い

導入として普段の自分自身がもっている感情（怒り）の存在に気づかせるために「最近イライラしたことや怒りを感じたことはあるか」と生徒へ質問し，その時の身体的な症状を確認する。また，モデリングを見ることにより，感じた怒りをそのまま相手にぶつけることは逆に相手の怒りを誘ってしまい関係を悪くすることに気づかせる。

展開のポイントは2つある。第1の着眼点は，「怒りの正体を知る」ということで，怒りの下にある一次的な感情を「怒りの岩」（ワークシート内）を使って丁寧に確認することである。

第2の着眼点は，それらの感情に気づき怒りをコントロールするための代表的な方法を学ぶことである。どんな方法があげられるか生徒同士の自主的な意見交換や提案を促したい。

(2) この時間での工夫

ここでは生徒が自身の体験から自分の感情（怒り）にしっかり気づくことが大事である。最近イライラした経験や自分の感情に気づくことが難しい場合は，教師の体験を話すとよい。生徒への自己開示にもつながり，興味関心を集めることができる。

評価の観点と事後指導

【評価の観点】　怒りの正体が理解できたか。
　　　　　　　自分にあったコントロール方法を考えることができたか。
【事後指導】　学校生活だけでなく家庭でもイライラした時や嫌な気持ちになった時に，自分にあった感情のコントロール方法を使い練習することが大事であることを伝える。

指導案

	学習活動・主な発問と予想される生徒の発言	指導上の留意点
導入	【インストラクション】 1　前回の授業のふり返りと授業のルールの確認を行う。 2　教師のモノローグ（怒りの体験を話す）。 　（例）「私が中学生の時の話なんだけど……」	○練習が大事であることを確認する。 ○誰もが怒りの感情をもつことがあるが，その感情にどのように対処するかが大切であることに気づかせる。
展開	【モデリング】 ■自分の感情に気づかせる。 　最近イライラしたことや怒りを感じたことがあるか尋ね，その時の自身の心身の状態を確認する。 ■モデリングを通して怒りの伝え方が異なる例を提示する。 　①(悪い例)：(怒って)「ねえ，部活の準備をするって言ったのにどうしたの？」 　②(よい例)：(冷静に)「ねえ，部活の準備をするって言ったのにどうしたの？」 ■怒りがなぜ生じるか説明する。 　「怒り」の下にある一次的な感情を知り，その一次的な感情はさまざまあること，怒りが二次的な感情であることを確認する。 ■怒りをコントロールする代表的な方法の紹介。 　①深呼吸する　②間をとる 　③その場から離れる　④相手に自分の気持ちを伝える 　⑤その他 【リハーサル】&【仲間からのフィードバック】 ■エクササイズ。 　親友に約束をやぶられた例をもとに，一次的な感情に気づかせ，コントロールする方法を確認する。また，相手との関係を悪くしない伝え方を考えさせ，練習する。	○感情にはさまざまな種類があるが，今回は「怒り」に焦点をあてることを伝える。 ○ワークシートを使って身体に表れる様子を確認させる。 ○感じた怒りをそのまま相手にぶつけるのは相手の怒りを誘ってしまい，関係を悪くすることだけでなく自分も傷ついてしまうことに気づかせる。 ○「怒り」という感情は誰もがもつ感情であり，怒りの感情をもつこと自体は悪いことではない。負の感情は相手への伝え方しだいでトラブルの要因となることがあるのでどのようにコントロールするかが大事であることを伝える。 ○他に生徒が実践している方法があれば共有する。 ○プリントを使用する。 ○関係を悪くしない伝え方は生徒にとっては難しいので教師がモデルとして例をあげてもよい。
終末	【教師からのフィードバック】 ■授業の内容をまとめ，ふり返る。 【チャレンジ】 ■日常生活のイライラした場面の中で怒りをコントロールするスキルを意識して使うように促す。	○「怒り」は二次的感情であり，誰にでもある感情だからこそコントロールする練習が必要であることを強調する。

ワークシート

氏名（　　　　　　　　　　　　）

感情（怒り）をコントロールするスキル

1 自分の感情（怒り）に気づきましょう。

①最近イライラしたり怒りを感じたりした時はありますか？　それはどんな時ですか？

_____

②そのようにイライラして怒った時どんな感じになりますか？
　あてはまる項目すべてに〇をつけてみましょう。

①（　）顔や耳が熱くなる	⑥（　）胸がぎゅっとしめつけられる感じがする
②（　）手のひらが汗ばむ	⑦（　）息苦しくなり息が荒くなる
③（　）口の中が乾く	⑧（　）頭が真っ白になる
④（　）胃のあたりが重くなる	⑨（　）手が握りこぶしをつくる
⑤（　）心臓がすごくはやく動く	⑩（　）その他（　　　　　　　）

③その時どう対処しましたか？　またはイライラしたりむしゃくしゃしたりする時どう行動していますか（行動したことがありますか）？

_____

④2つのモデルを見てどのような印象をもちましたか？　言われた側はどんな気持ちになったか書いてみましょう。

　　＜モデリング①＞ _____

　　＜モデリング②＞ _____

2 怒りをコントロールできないと……

怒りとは（　　　　）がもつ感情です。ですからその感情が問題なのではなく，その後どう対処するかが重要となります。怒りの感情を上手く（　　　　　　　）できず，そのまま相手にぶつけてしまうと，かえってトラブルが大きくなったり，（　　　　　　）を壊したりします。その結果，自分自身が（　　　　　　　　）したりすることになります。

3 怒りの正体とは……

①怒りの下にどんな感情があったのでしょうか？　あてはまる感情すべてに〇をつけましょう。

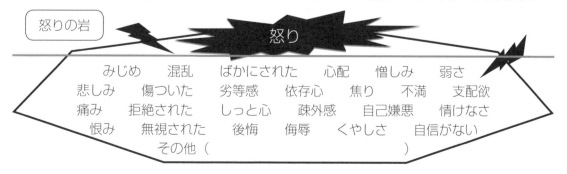

②怒りとは……（　　　　）なもの

　怒りの下には見えないたくさんの（　　　　　　）な感情があります。怒りとはそれらの感情を引きださせた相手に対する（　　　　　　）とされます。

⇩

　自分も相手も傷つく前に（　　　　　　）に気づき，（　　　　）をコントロールすることがポイントです。

4　代表的な感情（怒り）のコントロールの方法。

①（　　　　　　）→ 大きく息を吸って，呼吸を止めて，（数を数えて），ゆっくり吐いて。
②（　　　　　　）→ ゆっくり10数える。1，2，3，……OK！
③その場から（　　　　　）→「ごめん，またあとで聴くね」
④相手に（　　　　　　）を伝える →「そんなこと言われると傷つくなぁ」
⑤その他（　　　　　　　　　　　　　　　　　　　　　　　　　）

5　感情（怒り）をコントロールしてみよう。「こんな時どうする？」（エクササイズ）

　クラスの文化祭のだしものがお化け屋敷に決まりました。係分担も決まり，お化け役はクラスみんなで1時間交替でやることになりました。
　しかし，文化祭当日，あなたと交替するはずの友達が時間になってもなかなかきません。こなければ一緒に見て回ろうと約束していた友達を待たせてしまいます。30分後に「忘れていた」と言ってやっときました。怒りが爆発しそうです。「感情のコントロール」をどうやって使うか考えてみましょう。

どんな感情がある？ (怒りの岩を参考に)	
感情をどうやってコントロールする？ (コントロールの方法を参考に)	
どう伝える？	

※関係を悪くしないセリフを伝えよう。例えば……

（少し間をとって）「そっかぁ，なかなかこないから，何かあったと思って私は心配したよ」
×「あなたは……」　○「私は……」
※主語を「私」ではじめることがコツです。自分の気持ちを素直に伝えてみましょう。

※2の空欄記入例　誰も／コントロール／友人関係／傷ついたり・後悔　※3の空欄記入例　②二次的／一次的／攻撃的な行為／自分の感情／怒り
※4の空欄記入例　①深呼吸する　②間をとる　③離れる　④自分の気持ち

52

ふり返りシート

氏名（　　　　　　　　　　　　　　）

1　今回の授業で取りあげたスキルは「感情（怒り）をコントロールするスキル」でした。
　今日の授業をふり返ってみましょう。

	もう少し ⇒ できた				
①今回の授業の内容について理解できた。	1	2	3	4	5
②今回の授業に積極的に参加できた。	1	2	3	4	5
③学んだスキルを積極的に生活に取り入れてみようと思う。	1	2	3	4	5

2　今回の授業を通して感じたこと，考えたことなどを書いてください。

------------------- キ リ ト リ -------------------

練習で君もスキル名人！（チャレンジシート）

氏名（　　　　　　　　　　　　　　）

学んだスキルを生活の中でどのくらい生かすことができたか表に記入してみましょう。

月日	イライラした場面	怒りの下にあった気持ち	どのようにコントロールした？
／			
／			
／			
／			

スキル7 あたたかい言葉をかけるスキル
自分がうれしいことをしてみたら

このスキルのテーマ〜主題設定の理由〜

　私たちが円滑でよりよい人間関係を築きながら社会生活を送るためには，対人関係において気持ちよい対応が必要である。つまり，真心をもった誠実な態度と，相手への思いやりの言葉が求められる。

　本項では，私たちが普段何気なく使っている言葉にあらためて関心を寄せ，言葉がもたらす感情に焦点をあてたい。相手の気持ちがあたたかくなる言葉とは，どのような言葉か。また，それを積極的に使うことで，よりよい人間関係が保てることを，子どもたちに気づかせることをねらいとする。情報化が進みSNSによるコミュニケーションが増え，対面したコミュニケーションが希薄になりつつある。子どもたちのやりとりには，言葉が相手に与える影響に無自覚な行動が多く，悪気なく使った言葉が相手の心を傷つけてしまうことがある。ここでは，他者を尊重した友達を元気にする言葉かけの大切さに気づかせ，友達を大事にする態度を育てる。

インストラクションの板書例

```
あたたかい言葉をかけるスキル              【授業のルール】
【あたたかい言葉】                        ・じゃましない
  その言葉を聴くととてもいい気持ちになる言葉で，心が   ・はずかしがらない
  あたたかくなる言葉                      ・ひやかさない
【あたたかい言葉をかけるスキル】            ・積極的に参加する
  相手のがんばっていることやよいところを認め，        ・グループでの話し
  それに対して，感謝したり，ほめたりするなど，         あいを大切にする
  相手を元気にする言葉をかけるスキル
  ※言われる本人だけでなく，周りで聴いていてもうれし
   くなる言葉

         【スキルのポイント】
      「よいところを認める言葉」+「あたたかい言葉」
  ×「悪いところを指摘する言葉」+「つめたい言葉」

  【言葉以外のポイント】
    ・相手をよく見て
    ・相手に近づいて
    ・相手に聴こえる声で
    ・笑顔で
```

ねらい

　言葉がもたらすさまざまな感情に気づき，友達を元気にするあたたかい言葉の存在に気づかせたい。そして，友達に明るく接することが大切であることも同時に学ばせたい。積極的に友達の「よいところ」を見つけ，賛辞し認めてあげることや，さらにはげます言葉をかけることは，相手にとっては「友達に認められている」といううれしい体験となる。さらに，自尊心（あるいは自己肯定感）を高めることにもつなげていきたい。

本スキルの取り扱いポイント

(1) 資料の取り扱い

　あたたかい言葉をかけるスキルに関連づけたワークを通し，相手を尊重した言動をとることによって「人間関係を良好に保つ」ことができることに気づかせるところからはじめる。

　第1の着眼点は，友達に言われて悲しくなったり嫌な気分になったりする言葉を「つめたい言葉」，友達に言われてうれしくなったり楽しくなったりする言葉を「あたたかい言葉」と言い，それぞれにどのような言葉があるのかをあげ，理解を深めていくことである。

　第2の着眼点は，あたたかい言葉をかけるスキルにおいて，相手と自分が「うれしくなる」ために必要な行動や態度について，モデルを通して気づかせることである。そして，リハーサルや話しあいから，他者の意見や考えを尊重し，互いに認めあう思いやりのある気持ちの醸成や行動の育成をする。

(2) この時間での工夫

　ここでは，自身の経験や体験を語るモノローグのアプローチを活用する。授業の導入に，本時のターゲットスキルに関連する教師の体験を話すことで，生徒の興味関心を集めることができる。また，話し手である教師（あるいはTA）の「自己開示」にもつながる。

　自分自身のことを生徒へ伝える行動は，生徒にとってよきモデルとなり，生徒に自分のことをどのように話せばよいのか，その伝え方も学ばせることができる。これにより，教師と生徒の信頼関係が生まれることにつながり，授業を生き生きと展開することにつながる。

評価の観点と事後指導

【評価の観点】　言葉がもたらすさまざまな感情に気づくかどうか。友達に対して積極的にあたたかい言葉をかける気持ちをもち，明るく接することができたか。

【事後指導】　誰もが明るく元気な姿を常に望んでいることを確認し，あたたかい言葉がけを継続していくことの大切さに気づかせたい。

指導案

	学習活動・主な発問と予想される生徒の発言	指導上の留意点
導入	1　前回の授業のふり返りと授業のルールの確認を行う。 ○チャレンジの結果をもとにする。 2　アイスブレーキング：「よいところさがし」 ○「よいところを言われた時に、どのような気持ちになりましたか？」 (例)字がきれい、掃除が丁寧、遅刻しない、○○にくわしい　など ・はずかしいけれど、うれしかった。 ・よいところを見つけてもらえて自信がついた。	○練習が大事であることを確認する。 ○体験から、どのような言葉をかけられるかで、気持ちが変化することに気づかせる。肯定的な言葉を用いることの大切さに気づかせる。 ○子どもがよいところをあげやすいように、教師が例を示す。
展開	【モノローグ】 ■あたたかい言葉をかけるスキルの経験を教師が語る。 【インストラクション】 ■あたたかい言葉について説明する。 「あたたかい言葉というのは、その言葉を聴くととてもいい気持ちになる言葉です。つまり心があたたかくなる言葉でもあります。具体的には、相手のがんばっていることやよいところを認めたり、感謝したり、ほめたりなど、相手が喜ぶ言葉のことです。だから、言われる本人だけでなく、周りで聴いていてもうれしくなる言葉でもあります」 〈スキルのポイント〉 「よいところを認める言葉」＋「あたたかい言葉」 (だめなのは、「悪いところを指摘する言葉」＋「つめたい言葉」) ■「あたたかい言葉」を生徒にあげさせて板書にまとめる。 【モデリング】 ■「モデルを見て、あたたかい言葉とつめたい言葉を使ったコミュニケーションのどちらがいいと思いましたか」 (悪い例)：「すぐあきらめるね＋根性ないなぁ」 (よい例)：「あきらめずに挑戦するなんて＋スゴイよ」 ■「モデルを比較して、どんなことが大切で気をつけなくてはならないと思いましたか」 【リハーサル】＆【仲間からのフィードバック】 ■リハーサルのポイント。 まずは、ワークシートなどを使って、互いのよいところをいろいろ考えさせる（勉強だけでなく、さまざまな領域があることに気づかせる）。 あたたかい言葉を思いつかない生徒もいるので、ボキャブラリーを教えてあげるのもよい。 ■生徒がお互いによいところを見つけだし、あたたかい言葉をかけられるように、中途半端に終わらないよう、練習する。	○教師の体験を身近なものとして感じさせながら、素直な感想を発表させる。 ○生徒がわかるように例を用いて説明する。 ○人間関係の基礎は、相手を思いやったり、尊重したり、関心をもったり、興味をもったりするといった肯定的な心が大切であるということを伝える。 ○よいところさがしの例を用いて説明する。 ○積極的な参加を促す。 ○ポイントが明確になるように説明する。 ○モデルを見て、つめたい言葉やあたたかい言葉を言われた時の気持ちに気づかせる。 ○モデルを見て、言葉の選び方や言い方や態度によって気持ちに違いが出ることを伝える。 ○非言語的な部分を意識してリハーサルをするように促す。 ・相手をよく見て。 ・相手に近づいて。 ・相手に聴こえる声で。 ・笑顔で。 ○あたたかい言葉を用いることを促す。
終末	【教師からのフィードバック】 ■誰もが、笑顔や明るく元気な様子を日々願っていることに気づかせる。 ■これからの友達へのかかわり方として、相手を尊重した言動が大切であることに気づかせる。 【チャレンジ】 ■クラス内の練習に終わらず、日常生活の中で意識的に使ってみることを促す。	○実際のコミュニケーションの場面において、相手の考えを尊重しているか、批判ばかりしていないかを十分注意することが重要であることを確認する。 ○練習を促す。

ワークシート

氏名（　　　　　　　　　　）

あたたかい言葉をかけるスキル

1　よいところさがし

名前	よいところ
さん	
さん	
さん	
さん	
さん	

2　「あたたかい言葉」とは

【あたたかい言葉】
あたたかい言葉というのは，その言葉を聴くととてもいい気持ちになる言葉で，心があたたかくなる言葉のことです。相手のがんばっていることやよいところを認めたり，感謝したり，ほめたりなど，相手が喜ぶ言葉でもあります。だから，言われる本人だけでなく，周りで聴いていてもうれしくなる言葉です。

【ポイント】
「よいところを認める言葉」＋「あたたかい言葉」

3　「あたたかい言葉をかけるスキル」についてモデルからわかったことをまとめましょう。

4　「あたたかい言葉をかけるスキル」を学んだ気づきや感想を書きましょう。

2章　これだけは，徹底したいターゲットスキル

ふり返りシート

氏名（　　　　　　　　　　　　　）

1　今回の授業で取りあげたスキルは「あたたかい言葉をかけるスキル」でした。
　　今日の授業をふり返ってみましょう。

	もう少し　→　できた				
①5つの授業のルールを守ることができた。	1	2	3	4	5
②今回の授業の内容について理解できた。	1	2	3	4	5
③今回の授業に積極的に参加できた。	1	2	3	4	5
④学んだスキルを積極的に生活に取り入れてみようと思う。	1	2	3	4	5

2　「あたたかい言葉をかけるスキル」をあなた自身の日常生活にどのように生かすことができるでしょうか。生かすことのできる場面を想像して書いてみましょう。

3　「あたたかい言葉をかけるスキル」を，あなたが友達に対して使うとき，友達の感じ方はどのように変わると思いますか。また，そのためにあなたはどのような工夫をしますか。

練習で君もスキル名人！

氏名（　　　　　　　　　　　　）

チャレンジシート

1　学んだスキルを生活の中でどのくらい生かすことができましたか。
　①〜④についてふり返り，「よくできた時は○」「ときどきできた時は△」「できなかった時は×」をつけましょう。

　　　　　（　　）月（　　）日から（　　）月（　　）日まで

あたたかい言葉をかけるスキル	月	火	水	木	金	土	日
①言葉がけは相手の目を見て行うように心がけた。							
②言葉がけは相手の近くで行うように心がけた。							
③言葉がけは相手に聴こえる声で行うように心がけた。							
④言葉がけは笑顔で行うように心がけた。							
あたたかい言葉をかけるスキルにとって必要なことだな，と思うことがあれば下に加えて1週間できるかやってみましょう。							

2　「あたたかい言葉をかけるスキル」で，上手にできたことはどのようなことでしたか。

3　「あたたかい言葉をかけるスキル」を練習した感想や気づきを書きましょう。

2章　これだけは，徹底したいターゲットスキル

スキル8 質問するスキル
ちょっとした勇気が大きな学びに

このスキルのテーマ～主題設定の理由～

　朝や帰りの会やホームルーム，あるいは授業中の様子から，生徒の質問のスキルには，次のような3つのパターンがあることがわかる。1つ目は，何を質問してよいのか，質問すること自体がわからないパターンである。この場合，わからないことは何かに気づかせる必要がある。2つ目は，質問をしたいが緊張や不安などにより，行動ができないというパターンである。質問することを敬遠しがちで，さらに知るチャンスやより深く学ぶ機会を逃しやすい。3つ目は，状況にあわせて適切な質問ができず，周囲の人から「自分勝手」な質問と見えてしまうパターンである。このような場合，授業運営が困難になっていくことも考えられるため，状況に応じた適切なやり方を教える必要がある。質問することは，相手に関心を示すことでもあり，質問される側にとってうれしいことでもある。また，誰かが質問することによって，クラス全体の理解につながることもよくある。

　本授業では，質問することの大切さを生徒が理解し，質問することに対して積極的な姿勢をもてるようにしたい。そのため，質問する時のポイントを示し，エクササイズを通してこのスキルを使えるようになることをねらいとしたい。

インストラクションの板書例

```
質問するスキル

【質問することの意義】
■何がわからないかを考える。
■質問される側は，関心を向けてもらってうれしい。
■クラスの他の友達の理解を促す。

【スキルのポイント】
①質問をしてよいか相手の都合を確認する
　「今，質問していいですか？」
②質問する
　「○○について教えてください」
　「△△は，□□のことですか？」
③お礼を言う
　「ありがとうございました」

　　　　　　　　　　　　質問すると，
　　　　　　　　　　　　○さらにくわしく知ることがで
　　　　　　　　　　　　　きる
　　　　　　　　　　　　○より深く学べる

【授業のルール】
・じゃましない
・はずかしがらない
・ひやかさない
・積極的に参加する
・グループでの話しあいを大切にする

生徒の意見，考えを記入
```

> 左側はポイントを掲示。模造紙などの掲示物を使用すると時間を有効に使える。

ねらい

質問することによって，その生徒一人だけでなく，クラス全体がさらに知ることができるチャンスにつながり，より深く学ぶ機会になることを生徒が認識できるようにする。その上で，質問するという行動に対し積極的であるように促したい。うまく言えなくても言い直せばよいし，忘れたらあとで思いだした時でもよいなど，不安が少なくなるように促したい。

本スキルの取り扱いポイント

(1) 資料の取り扱い

第1の着眼点は，これまでに習ったスキルと関連させて「質問する」スキルを学ばせることである。例えば，聴くスキルを再確認して，話を理解するように努め，その上でわからないことが何かを明確にして，質問に結びつけさせたい。

第2の着眼点は，話すスキルを再確認して，質問するスキルのポイントを押さえて質問することである。質問することが，話すことや聴くことと関連していることに気づかせた上で，質問する時のタイミングの確認，質問の仕方，答えてもらった時のお礼の言葉など，質問するためのポイントに気づかせる。

(2) この時間での工夫

モデリングでは生徒が実際に「こういうシーンがあるなぁ」と感じられるよう，扱う場面は学校やクラスの実態にあわせて設定したい。

生徒が質問できないという場面を設定するため，心の中で思っていることを「心の声」として「つぶやき」にするなどの工夫が必要になる。リハーサルに適宜，ペアワークやグループワークを活用する。

評価の観点と事後指導

【評価の観点】 質問するスキルのポイントを使用して質問することができたか。
　　　　　　 相手に敬意をはらって伝えることができたか。
【事後指導】 生徒が学校生活全体を通してスキルを使うように促し，日常でも生かすことができるように指導したい。

指導案

	学習活動・主な発問と予想される生徒の発言	指導上の留意点
導入	■授業のルールの確認。 ■前回の授業のふり返り：チャレンジシートの内容を数名の生徒が発表する中で，ポイントを復習する。 【インストラクション】 ■本授業で学ぶスキルの提示。 「今日学ぶスキルは，『質問するスキル』です」 「友達との会話や授業の内容がわからない時，ききたいけれどはずかしい，きくことは緊張するという人はいませんか？」 ■教師の体験を語る。	○それぞれの意見をクラス全体で受け入れられる雰囲気を意識する。 ○練習が大切であることを確認する。 ○前回の授業のふり返りとして「聴くスキル」と「話すスキル」を取りあげるとよい。 ○質問するスキルを学ぶメリットを伝える。 ○「この時期（中高生）は，他者からの評価が気になりやすいので，はずかしい，緊張する，間違えたらどうしようと不安になるのはおかしいことではない」という年齢であることを加えてもよい。
展開	【モデリング1】 ■日常での体験をイメージできるようにモデリングを行う。 　モデル1（悪い例）：話を聴いて，わからないところがあっても質問しない。 　モデル2（悪い例）：聴いている途中に割り込んで質問する。言葉も汚い。 　→生徒へ発問し，意見をきく。 ■「質問する」時にどんなことをしているかポイントをまとめる。質問する意義について説明する。 　①質問をしてよい相手の都合を確認する。 　　「今，質問していいですか？」 　②質問する。 　　「○○について教えてください」 　　「△△は，□□のことですか？」 　③お礼を言う。 　　「ありがとうございました」 【モデリング2】 　モデル3（よい例）：質問するスキルのポイントを使って質問する。 【リハーサル】＆【仲間からのフィードバック】 ■ポイントを意識して練習：ペアワークで行う。 　①話すテーマ（生徒が話しやすいもの）を与え，何を話すか考える時間をとる。 　②ペアワーク。（30秒） 　③ワークシート記入。	○2人のモデルのうち，「聴く側」に注目することを伝える。 ○生徒から出た意見を交えながら説明する。 ○聴くスキルのポイントと話すスキルのポイントを押さえつつ「質問する」ことが大切であることを説明する。 ○板書する。（掲示物にしておくと，時間を有効に使える） ○ポイントごとに具体例を出して説明する。教師の経験など，生徒がわかりやすい例を工夫する。 ○質問することによってさらに知ることができ，より深く学ぶことができることを確認する。 ○4～5人のグループでリハーサルを行ってもよい。 ○リハーサル前に一連の流れを見せると円滑に行える。 ○「話す」「聴く」スキルを使用させてもよい。 ○ペアで話しやすくなるよう事前に座席を工夫しておく。 ○机間指導をする。それぞれの積極的な参加をほめる。 ○うまくできないペアにも練習すればよくなることを伝える。
終末	【教師からのフィードバック】 ■ふり返りシートを記入させ，生徒に発表させる。 ■「今日は『質問するスキル』をやりました。スキルのポイントは3つありました。質問するスキルを使うことによって，さらに知ることができ，より深く学ぶことができます。それは，周囲で聴いている人にとっても学びにつながります。さらに，聴くスキルと話すスキルも用いるとよりコミュニケーションがスムーズになりますね。学んだことを生活の中で意識的にやってみましょう」などとまとめる。 【チャレンジ】 ■チャレンジシートの説明をする。（スキルの使用を促す）	○積極的な取り組みをほめる。 ○板書を用いながらふり返りを行う。 ○ネット上のコミュニケーションにも援用でき，トラブルを防いだり，関係を良好に維持することにもつながると説明を加えてもよい。 ○練習が大切であることを確認し，日常生活で意識的にやってみることを促す。

ワークシート

氏名（　　　　　　　　　　）

上手な質問の仕方を学ぼう

【質問するスキルのポイント】
①質問をしてよいか相手の都合を確認する。
　「今，質問していいですか？」「質問しますがよろしくお願いします」など
②質問する。
　「○○について教えてください」「△△は，□□のことですか？」
③お礼を言う。
　「ありがとうございました」

1　エクササイズの方法

①ペアをつくります。
②「質問する人」と「質問に答える人」を決めます。
③「質問に答える人」が話をし，30秒経ったところで，「質問する人」は聴いたことでわからなかったこと，もっと知りたいことを質問します。「質問に答える人」は話すスキルを，「質問する人」は聴くスキルを意識してください。「質問に答える人」は質問に答えてあげてください。
④「質問する人」はワークシートに「質問するスキル」の自己評価を記入し，「質問に答える人」に感想をききそれも書き込みます。
⑤ペアで役割を入れかえ，同じようにやってみましょう。
※30秒の時に合図をします。

①　今回習ったことを自己採点しましょう。

	もう少し → できた				
①質問の前に目を見て最後まで話を聴くことができましたか？	1	2	3	4	5
②丁寧な言葉で質問できましたか？	1	2	3	4	5
③声の調子，ジェスチャーなど相手に伝わるよう工夫できましたか？	1	2	3	4	5
④質問するスキルのポイントは使えましたか？	1	2	3	4	5

②　「質問するスキル」を使ってみて，ペアからほめてもらったことは何ですか。記入しましょう。

ふり返りシート

氏名（　　　　　　　　　）

質問するスキル
【ポイントのまとめ】

【質問することの意義】	【質問するスキル】
○何がわからないかを考える。 ○質問される側は，関心を向けてもらってうれしい。 ○クラスの他の友達の理解を促す。	①質問をしてよいか相手の都合を確認する。 「今，質問していいですか？」 ②質問する。 「○○について教えてください」「△△は，□□のことですか？」 ③お礼を言う。 「ありがとうございました」

1　今回の授業で取りあげたスキルは「質問するスキル」でした。
　　今日の授業をふり返ってみましょう。

	もう少し				できた
①5つの授業のルールを守ることができた。	1	2	3	4	5
②今回の授業の内容について理解できた。	1	2	3	4	5
③今回の授業に積極的に参加できた。	1	2	3	4	5
④学んだスキルを積極的に生活に取り入れてみようと思う。	1	2	3	4	5

2　「質問するスキル」はどうして大切なのでしょう。あなたの意見を書いてください。

3　「質問するスキル」を学んだ感想や気づきを書いてください。

練習で君もスキル名人！

氏名（　　　　　　　　　　　　　）

チャレンジシート
【ポイントのまとめ】

【質問するスキル　家バージョン】	【質問するスキル　友達バージョン】
①質問をしてよいか相手の都合を確認する。 「お母さん，今きいてもいい？」 ②質問する。 「△△って，なんだっけ？」 ③お礼を言う。 「ありがとう」	①質問をしてよいか相手の都合を確認する。 「ねえ，今きいてもいい？」 ②質問する。 「今日の宿題は，なんだっけ？」 ③お礼を言う。 「ありがとう」

1　「質問するスキル」を意識してみましょう。

　　　　月　　日（　　）

がんばったところ	さらに工夫したいところ

　　　　月　　日（　　）

がんばったところ	さらに工夫したいところ

　　　　月　　日（　　）

がんばったところ	さらに工夫したいところ

2　気づいたことを書いておきましょう。

2章　これだけは，徹底したいターゲットスキル

やさしく頼むスキル
助けを借りたい時もある

このスキルのテーマ～主題設定の理由～

　生徒は，友達や周りの大人など，多くの人たちとかかわりながら日常生活を営んでいる。それにより人間関係を学び，成長していく。人は1人では生きていけないし，周りの多くの人たちとのかかわりが生活を豊かにしてくれる。

　日常生活の中で人に何かを頼む場面は多い。生徒たちを見ると，友達など旧知の人とかかわる場合，「友達だから，これくらいいいだろう」と慣れあいになりがちな面，相手の状況を考えず自分の要求のみを押しつける面がある。また，人にものを頼むのは面倒だ，はずかしいと感じ，頼むという行為を行わず，あきらめたりごまかしたりして，自分自身を納得させる面もある。相手に依存しすぎる必要はないが，この場面は頼んだ方がよいということもある。

　頼むという行為は，相手を信頼し，自分の心を開き，弱さを見せることかもしれない。しかし，頼むことを通して他者からの支援を受けると，自分の願いを達成しやすくなる。また，相手のやさしさにふれることで，相手との心の距離が近づいていくと考えられる。それにより，人間関係が円滑になりやすくなる。

インストラクションの板書例

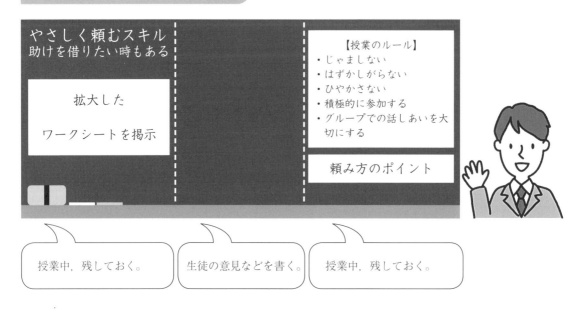

ねらい

人は時に,相手に頼むべき場合があることに気づくとともに,頼むことが,状況を改善し,よりよい人間関係づくりにつながることを理解させる。また,頼む場合における適切な手順を身につけさせる。

本スキルの取り扱いポイント

(1) 資料の取り扱い

第1の着眼点は,「相手に何かを頼む」ことの意味,必要性,そこから得られる相手との関係づくりについて考えさせることである。ここでは,教師そして生徒自身のモノローグ(語り)のアプローチを用いて理解を深める。第2の着眼点は,相手にものを頼む行動や態度について,モデルを通して気づかせることである(モデリング)。そして,ロールプレイや話しあいから,相手の状況をふまえて相手を尊重すること,理由や内容を明確に伝えること,してもらったことへの感謝を伝えること,といったポイントを押さえたい。これにより他者の意見や考えを尊重し,互いに認めあう思いやりのある行動を期待したい。

(2) この時間での工夫

相手に何かを頼む場合,頼む必要性がなければいけない。中高生は,内心は頼んだ方がよいと思っても,面倒くささなどから頼まないこともある。そこで,授業導入時に,ワークシートを配布し,日常の場面を想定し,「あなたなら,この場合に相手に頼むか否か」「この場合には相手に頼んだ方がよいと思うか否か」について問う。それにより自分をふり返るとともに,他者との相違にも気づかせる。インストラクションでは,やさしく頼むことについての意味を教師が説明したあとに,嫌な頼まれ方をした経験を生徒自身に発表させる。それをもとに,やさしく頼むポイントを提示する。モデリングでは,やさしく頼むポイントをもとに,言葉づかいに着目するモデル1・態度面に着目するモデル2を行う。そして,リハーサルに移っていく。生徒同士でペアをつくり,ワークシートの①〜⑦の中から各ペアに選ばせて行うようにする。

評価の観点と事後指導

【評価の観点】　手順にしたがい自分なりの言葉で,相手のことを考えて頼むことができたか。相手のことを考えた言葉づかいや態度がとれたか。

【事後指導】　相手に頼んだ方がよいと思った際には,勇気をもって頼むことが自分のためになり,相手との関係づくりでも得るものがあることに気づかせたい。相手に敬意をはらって伝えることができたかも重視したい。

指導案

	学習活動・主な発問と予想される生徒の発言	指導上の留意点
導入	1 ワークシートを配布する。 ○頼む行為を行うか否か，頼むべきか否かについて考える。 2 記入結果を共有する。 ・友達との違いに気づいた。 ・自分自身の中でも頼む行為と内面にはずれがあった。	○行為と内面を確認する。 ○ワークシートを拡大コピーして黒板に掲示する。
展開	【インストラクション】 ■やさしく頼むことについて説明する。 「人に何かを頼むことは，はずかしいかもしれない。きかなくてもいいやと思うこともある。しかし，自分1人ではできないことが必ずある。頼むことで自分が助かることもあるし，頼むことで相手との心の距離が縮まることもある。どのような頼み方をすれば相手がこころよく協力してくれるのかを一緒に考えよう」 【モノローグ】 ■頼まれて，こちらが気持ちよく感じた経験を教師が語る。続いてどんな頼まれ方をして嫌な思いをしたか生徒が経験を語る。 ＜ポイント＞ ①相手の状況を考え，相手に対して敬意をはらう。 ②頼む理由と頼む内容を明確に伝える。 ③してもらって助かったという感謝の気持ちを伝える。 【モデリング】 ■「どんなことがやさしい頼み方か例を見てみましょう」 　モデル1：言葉づかい「これ教えて」 　（悪い例）：命令調。頼む内容しか言わない。感謝を伝えない。 　（よい例）：相手への敬意や感謝を述べ，理由もつけて頼む内容を丁寧に伝える。 　モデル2：態度「手伝ってくれる？」 　（悪い例）：相手の顔を見ない。 　（よい例）：相手をしっかり見て，相手が話す時は，うなずきながら聴く。 ■「モデルを見て，どんなことが，やさしい頼み方だと思いましたか」 【リハーサル】＆【仲間からのフィードバック】 ■テーマ①～⑦から1つ選んでペアでロールプレイを行う。 ①「プリントにあなたのセリフを書いてみましょう」 ②「ペアになって互いにセリフのポイントを押さえて伝えてみましょう」 　感想を述べたり，アドバイスをしたりする。	○生徒がわかるように，ワークシートをもとに説明する。 ○各自の記入は，個性や考え方の違いとして捉え尊重する。 ○生徒の素直な感想を発表させ，それを尊重する。 ○ポイントについて例で示す。 ・今大丈夫？ ・今日中に提出だから○○をやって！ ・ありがとう，まにあうよ。助かった。 ・申し訳ないけど，手伝ってくれる？ ○モデルを見て，言語的行動だけでなく，非言語的行動にも頼み方のポイントがあることに気づかせる。 ○同じ言葉を入れて比較する。 ○机間指導を行う。
終末	【教師からのフィードバック】 ■相手を軽視したり，横柄な言葉や態度になったりしてはいけないことに気づかせる。 ■言葉だけでなく態度も関係することに気づかせる。 【チャレンジ】 ■日常生活の中で使う時に，やさしい頼み方になるよう意識的に促す。	○話し方のスキルを学んだ場合は関連させてふり返りを行うとなおよい。 ○学習したことを普段の生活にも生かすように促す。

ワークシート

氏名（　　　　　　　　　　　　　）

1　あなたは，次の場合どういう頼み方をしますか？　具体的なセリフを書いてみましょう。

	頼むか否か ○ or ×	あなたのセリフ
①明日は数学の期末テストがあります。学校で勉強していたら，もう少しで解けそうな問題がありましたが，自分だけの力では無理。さあ，誰かに頼んでみましょう。		
②数学のテストがはじまります。三角定規がないと作図ができません。さあ，誰かに借りてみましょう。		
③担任の先生から家庭へのプリント（親に記入してもらわなければいけない内容）をもらったのになくしてしまいました。再度プリントをもらうために先生に頼みましょう。		
④クラスで新聞をつくることになり，あなたが先輩や目上の人に原稿依頼をする役になりました。先輩や目上の人に書いてもらうことを頼みに行きましょう。		
⑤一緒に準備をする友達が，体調が悪く早退しました。自分1人で準備をしても開始時間にまにあいそうもありません。誰かに手伝いを頼みましょう。		
⑥ゴミの分別方法がわかりません。近くにいた人に，分別の仕方を教えてもらいましょう。		
⑦校外で友達とはぐれてしまいました。集合時間もせまってきています。目的地への行き方を，近くを通りかかった人にきいてみましょう。		

ふり返りシート

氏名（　　　　　　　　　　）

【やさしく頼むポイント】
①相手の状況を考え，相手に対して敬意をはらう
②頼む理由と頼む内容を明確に伝える
③してもらって助かったという感謝の気持ちを伝える

1　今回の授業で取りあげたスキルは「やさしく頼むスキル」でした。
　　今日の授業をふり返ってみましょう。

	もう少し → できた				
①相手の状況を考えたり相手に敬意をはらったりすることができた。	1	2	3	4	5
②頼む理由と頼む内容を明確に伝えることができた。	1	2	3	4	5
③してもらって助かったという感謝の気持ちを伝えることができた。	1	2	3	4	5
④学んだスキルを積極的に生活に取り入れてみようと思う。	1	2	3	4	5

2　「やさしく頼む」ことについて，モデル1やモデル2からわかったことをまとめましょう。

　

3　リハーサル（ペアで実際に行った練習）から学んだことをまとめましょう。

練習で君もスキル名人！

氏名（　　　　　　　　　　　）

チャレンジシート

1　学んだスキルを生活の中でどのくらい生かすことができましたか。
　①～④についてふり返り，「よくできた時は○」「ときどきできた時は△」「できなかった時は×」をつけましょう。

　　　　（　　）月（　　）日から（　　）月（　　）日まで

やさしく頼むスキル	月	火	水	木	金	土	日
①相手の状況を考えたり相手に敬意をはらったりすることができた。							
②頼む理由と内容を明確に伝えることができた。							
③してもらって助かったという感謝の気持ちを伝えることができた。							
④学んだスキルに積極的に取り組んでみようとした。							
やさしく頼むことに必要なことだな，と思うことがあれば下に加えて1週間できるかやってみましょう。							

2　「やさしく頼むスキル」で，上手にできたのは具体的にどのような場面でしたか。

3　「やさしく頼むスキル」を練習した感想や気づきを書きましょう。

2章　これだけは，徹底したいターゲットスキル

スキル10 謝るスキル
まごころを伝えるために

このスキルのテーマ〜主題設定の理由〜

思春期や青年期は,「友達に理解・共感してもらいたい」,あるいは「友達に嫌われないように」と周囲と同調的に,時に八方美人にふるまうことがある。こういった考え方は,友達に謝らなければならない時に弁解したり,正当化したり,謝ること自体をやめてしまうなどのさまざまな行動を生むことがある。謝罪とは,関係性の危機的・葛藤的状況において生じることが多く,私たちの社会的関係の維持や回復という重要な働きをしているにもかかわらず,思春期や青年期においては謝るということが選択されないことがある。また謝罪はするものの,被害者に表面的(道具的)に受けとられるような謝罪をしてしまい,結果,周囲と孤立してしまうということも少なくない。そこで謝罪しない3パターン(弁解・正当化・否認)と,謝罪する2パターン(表面的に受けとられやすい謝罪・誠意が伝わりやすい謝罪)が周囲にどのように受けとられるかを認識し,モデルの感情の読みとりや自分自身の感情表現を意識する機会を提供する。

インストラクションの板書例

謝るスキル

【謝るとは】
迷惑をかけたり,約束をやぶったり,傷つけたりした相手に,自分に責任があることを認め,後悔していること・反省していることを言葉だけでなく,表情や態度で伝えること。

【ポイント】
①表面的に受けとられやすい謝罪と誠意が伝わりやすい謝罪の違いを考える。
②モデルの表情(感情)を読みとることを意識する。
③誠意が伝わる謝罪とは,後悔していること,申し訳なさを言葉だけでなく,感情表現でも表明すること(非言語行動)。

【授業のルール】
・じゃましない
・はずかしがらない
・ひやかさない
・積極的に参加する
・グループでの話しあいを大切にする

【スキルのポイント】
①謝罪の言葉
②責任の受容
③改善の約束
④後悔や反省を非言語(表情,しぐさなど)で感情表現

（授業中,そのまま残しておく,消さない。）

（下は生徒の意見を書いたり,写真を貼ったりする。）

ねらい

　自分が失敗したり，約束を間違えたり，周囲に迷惑をかけたり，相手を傷つけたりした場合，どのような謝罪をしているか（謝罪をしていないのか）を認識する。また謝罪を選択する際に動機づけや謝りたくない気持ちがあることに気づかせ，表面的に受けとられやすい謝罪だけでなく謝罪する相手の感情を読みとることと自分の感情表現を意識した謝罪を学習することがねらいである。

本スキルの取り扱いポイント

(1) 資料の取り扱い

　第1の着眼点は，自分が謝罪しなければならない際の傾向を把握することである。そして第2の着眼点は，謝罪をしなければならない場合，「罰を回避したい」という思いに重きを置いているのか，それとも「周囲の友達との関係を維持・継続したい」という思いに重きを置いているのかといった謝罪への動機づけや，「周囲からの評価に関する不安」「周囲から負の感情や罰をぶつけられることの恐れ」などの謝罪を抑制する要因についても考えさせてみることである。第3の着眼点は，モデリングの過程において，表面的な言葉だけの謝罪モデルと，責任を受けとめ，後悔や申し訳なさなどを言語・非言語あわせた感情表現によって表明する謝罪モデルを見比べてみて，自分が謝罪される側の視点に立った時，それぞれのモデルに対してどのような印象をもったかについて認識し，ターゲットスキルを学ぶ意欲を高めさせることである。

(2) この時間での工夫

　思春期・青年期の生徒が，違いを過度に強調したモデルを見た場合，モデルのよい・悪いを学習する前に，非日常的なモデルをふざけて真似をする者が出てくる可能性がある。そこでモデリングは生の人間がモデルであれ，映像の中の人物がモデルであれ，できる限り日常の場面に近いモデルにすることが望まれる。また日常場面から感情に関する情報（相手の表情や言い方・しぐさ・文脈など）を読みとる学習の機会にもしたい。よって，同じ場面をくり返し見せたり，動きのある場面を見せたりしたあと，静止した場面を提示し，さらにそこに説明を加えるなどの工夫が望まれる。

評価の観点と事後指導

【評価の観点】　自分の日常に近い謝るスキルの表現となっているか（日常に定着しやすいかどうか），程度にあった後悔の感情が表情や態度などに盛り込まれているか。
【事後指導】　学校生活だけでなく家庭でも使うように促したい。

指導案

	学習活動・主な発問と予想される生徒の発言	指導上の留意点
導入	1　前回の授業のふり返りと授業のルールの確認を行う。 ○チャレンジの結果をもとにする。 2　アイスブレーキング：「あなたは○○です」 ○見た目だけで、ペアとなった相手（あなた）の「好きな色」「好きな食べもの」などを判断する。	○練習が大事であることを確認する。 ○言葉以外についても意識させ外見的な特徴や顔の表情から他者の内面的なものを想像させてみる。
展開	【インストラクション】 ■謝る（謝罪）ということ。 「謝るとは、迷惑をかけたり、約束をやぶったり、傷つけたりした相手に、自分に責任があることを認め、後悔していること・反省していることを言葉だけでなく、表情や態度で伝えることです」 ＜ポイント＞ ①表面的に受けとられやすい謝罪と誠意が伝わりやすい謝罪の違いを考える。 ②モデルの表情（感情）を読みとることを意識する。 ③誠意が伝わる謝罪とは、後悔していること、申し訳なさを言葉だけでなく、感情表現でも表明すること（非言語行動）。 ■ワークシートの1・2を実施する。 「謝らなければならない場面で、自分がどのような行動をとるのか、またなぜそうするのかを考えて書いてみましょう」 【モデリング】 「これから、謝らなければならない場面でとられやすい釈明のパターンをいくつか見てみましょう」 モデル1：弁解。「自分だけのせいではない」 モデル2：正当化。「遅れたけどそんなに悪いことでは……」 モデル3：否認。「自分は遅れてない」 ■「次に謝罪の2つのパターンを見てみましょう」 モデル4：言葉のみの謝罪。 モデル5：表情や態度に感情表現を交えた謝罪。 ターゲットスキル：謝罪の言葉（ごめん！）、責任の受容（僕のせいで……）、改善の約束（今度から……）、後悔や反省を非言語（表情、しぐさなど）で感情表現 【リハーサル】＆【仲間からのフィードバック】 ■ターゲットスキルをグループでやってみる。 ペアになって互いに、言葉や表情、態度などを意識しながらやってみる。そして感想を述べあう。	○謝った方がよい場面で、意図・無意図にかかわらず謝らないことを選択しているケースが少なくないことを具体的な例をあげて話をする。 ○モデリングやワークシートで提示する場面は、友人との待ち合わせ時間に、遅れてやってきて釈明をするという設定。 ○ワークシートの1で書いたものとさまざまなモデルを比較する。また待たされたモデルの表情に注目させ、感情を読みとることを促す。 ○ワークシートの2をできればグループで取りあげ、「周囲からの評価懸念」「負の感情や罰に直面することの恐れ」「自分の行為の認識不足」「罪悪感の欠如」といった謝罪を抑制する要因について話しあって共有する。 ○謝罪の2つのパターン（モデル4・5）を提示して、ワークシートの3・4にそれぞれの印象を書かせる（これも待たされたモデルの表情に着目させる）。 ○モデル（非言語行動）を見て謝罪の印象を変えていることに気づかせる。
終末	【教師からのフィードバック】 ■日頃、謝っているようで、相手に謝罪の気持ちが届いていないことが多いことを再度指摘する。 ■非言語的な側面の影響を再度認識させる。 【チャレンジ】 ■日常生活の中で謝る場面があることを認識し、そういった場面でターゲットスキルを使うことを促す。	○長期的な視点で友人関係をみた時、しっかりと謝ることは自分にとっても望ましい方向につながると認識させる。 ○ネット上でも謝るポイントは同じである（非言スタンプ・絵文字とすることがある）。ただし、関係が悪化した時は、必ず文面上でポイントを押さえて誤ることが大事である。 ○自分の日常生活に定着するよう練習することを促す。

ワークシート

氏名（　　　　　　　　　　　）

謝るスキル

【謝るとは】
謝るとは，迷惑をかけたり，約束をやぶったり，傷つけたりした相手に，自分に責任があることを認め，後悔していること・反省していることを言葉だけでなく，表情や態度で伝えること。

【今回のSSTのポイント】
①表面的に受けとられやすい謝罪と誠意が伝わりやすい謝罪の違いを考える。
②モデルの表情（感情）を読みとることを意識する。
③誠意が伝わる謝罪とは，後悔していること，申し訳なさを言葉だけでなく，感情表現でも表明すること（非言語行動）。

【謝るスキルのポイント】
①謝罪の言葉
②責任の受容
③改善の約束
④後悔や反省を非言語（表情，しぐさなど）で感情表現

1　あなたは友達と遊ぶ約束をし，その当日，待ちあわせの時間に大幅に遅れて到着しました。遅れて到着したあなたは，待たせた友達にどんな言葉や表情，態度で釈明しますか？

2　1でさまざまな自分なりの答えを書いてくれたと思いますが，あなたはなぜ，そのような言葉や表情，態度で釈明したのですか。できるだけくわしく説明してください（グループで話しあってみましょう）。

3　言葉のみの謝罪のモデルを見てあなたはどう思いましたか？　待たされたモデルの表情や態度を手がかりに書いてみましょう。

4　言葉だけではなく，表情や態度で感情表現を交えた謝罪をするモデルを見てあなたはどう思いましたか？　待たされたモデルの表情や態度を手がかりに書いてみましょう。

ふり返りシート

氏名（　　　　　　　　　　　　　）

1　今回の授業で取りあげたスキルは「謝るスキル」でした。
　　今日の授業をふり返ってみましょう。

	もう少し　→　できた				
①今回の授業の内容について理解できた。	1	2	3	4	5
②今回の授業に積極的に参加できた。	1	2	3	4	5
③感情を取り入れて謝るスキルができた。	1	2	3	4	5
④相手の状況を考えたり相手に敬意をはらったりすることができた。	1	2	3	4	5
⑤いろいろなモデルの違いを理解できた。	1	2	3	4	5
⑥謝る場面での自分の表現方法の特徴が判別できた。	1	2	3	4	5
⑦学んだスキルを積極的に生活に取り入れてみようと思う。	1	2	3	4	5

2　周りの人で参考になった人はいましたか？

> スキルの練習で参考になった人は（同じ・他の）グループの（　　　　　　）さんです。
> （　　　　　　　　　　　）の謝り方の（　　　　　　　　　　　　）部分が
> （　　　　　　　　　　　　　　　　　　：例　自分に使えそうで）
> 参考になりました。
> →先生から参考になった人にフィードバックしてあげてください。

3　今回の授業を通して学んだこと，思ったことなどを自由に書いてください。

練習で君もスキル名人！

氏名（　　　　　　　　　　　　）

チャレンジシート

1　学んだスキルを生活の中でどのくらい生かすことができましたか。
　①〜⑤についてふり返り，「よくできた時は○」「ときどきできた時は△」「できなかった時は×」をつけましょう。

　　　　　　（　）月（　）日から（　）月（　）日まで

謝るスキル	月	火	水	木	金	土	日
①相手の表情やしぐさから，相手の感情を考えるようにした。							
②謝罪の言葉が言えた。（例：「ごめんなさい！」）							
③自分に非がある時，自分の責任を受けとめる言葉を言えた。（例：「僕のせいで……」「私の責任です」）							
④自分の問題を改善することを約束する言葉が言えた。（例：「今度から気をつけます」）							
⑤後悔していること，反省していること，申し訳なさを言葉だけでなく表情や態度でも表明できた。							

2　「謝るスキル」で，上手にできたのは具体的にどのような場面でしたか。

3　「謝るスキル」を実際に行うにあたって難しさを感じたことはありましたか。もしあったとすれば，それはどのようなところですか（誰を対象にしていたか，どんな場所であったか，どんな状況であったか，許してもらえる失敗であったか，など）。

4　日常の中で参考になった・上手だった謝り方は，誰のどんなポイントでしたか？

いつ	謝った人	謝られた人	どんな状況で	参考になったポイント

5　先生のチェック＆先生に相談したいこと（練習している中で，確認したい，わからないといったこと）をきいてください。

先生のチェック欄	先生に相談したいこと	先生からのコメント

スキル11 上手に断るスキル

相手を傷つけない意思表示とは

このスキルのテーマ〜主題設定の理由〜

大人が他者の要求を断る場合は,「意思表示(できません)」と組みあわせて,「謝罪(ごめんなさい)」「理由の説明(〜だから)」「代替案の提示(そのかわりに〜)」を用いることが通常である。

しかし,中高生の場合,比較的密着した仲間関係の中にあることも影響し,特に同級生や上級生からの要求に対しては,意志を明確に表示してよいかどうかとまどう姿もしばしば見受けられる。他者からの要求を断った時に「相手を傷つけるのではないか」「自分はどんな風に思われるだろうか」「仲間関係がくずれてしまうのではないか」などという理由で,他者の要求に対して本心とは異なる意思表示をしてしまう場合もある。時として,このくり返しが,認知的不協和やストレスを増加させ,学校不適応に結びついたり,他者との従属的関係の形成に結びつき,いじめ問題に発展したりする場合がある。

そこで,相手の要求に応じたくないことを表現する正当性を学ぶとともに,謝罪や理由の説明,代替案の提示の組みあわせを用いた上手な断り方を身につけさせることを目的とした授業を行う。

インストラクションの板書例

```
◎上手な断り方を学び,相手を傷つけず,自分      【授業のルール】
 の気持ちを正直に伝えよう。                  ・じゃましない
         【3種類の対応】                    ・はずかしがらない
①非主張的(消極的)                          ・ひやかさない
②攻撃的                                    ・積極的に参加する
③自他尊重的(主張的)←上手な断り方           ・グループでの話し
                                            あいを大切にする
意思表示      (例)「私はそれはできません」
謝罪              「ごめんなさい」
理由の説明        「今日ははやく帰らないといけないから」
代替案の提示      「そのかわり明日,手伝うね」
```

具体的な例を示しつつポイントを説明する。(①・②は逆でもよい) / 生徒の意見を書く。

ねらい

要求に応じることと断ることのどちらが自分の本心に近いかを明確にし，断る場合は，相手の気持ちを予想して，謝罪，理由の説明，代替案の提示を行い，相手を傷つけないように断る方法を学ぶ。また，私たちの誰もが，他人の要求に応えるかどうかなど，自分の行動を決め，それを表現し，その結果について責任をもつという権利があることにも気づかせたい。

本スキルの取り扱いポイント

(1) 資料の取り扱い

相手の要求への対応には，非主張的（消極的），攻撃的，自他尊重的（主張的）の3種類があることに気づかせ，それぞれについて相手と自分がどのように感じるかを考えさせる。この時の気づきをもとに，上手な断り方について意見をまとめ，モデリングへとつないでいく。

第1の着眼点は，非主張的（消極的）であることから本心と異なって相手の要求に応じてしまうことや，相手の要求に対して相手に配慮することなく断ってしまうことが，自分や相手の感情を尊重しない対応であることを十分に理解することである。

第2の着眼点は，上手な断り方が「意思表示」「謝罪」「理由の説明」「代替案の提示」という行動要素の組みあわせで構成されていることを正しく生徒が理解することである。時に中高生は，要求への非主張的（消極的）あるいは攻撃的な対応の背景に「意思の強弱」「性格」などがあると思いがちであるが，リハーサルとフィードバックという体験を通して，自分の意志を正しく伝えるスキルが大切であるという理解へと導きたい。

(2) この時間での工夫

相手の要求を断れなかった時，攻撃的に断った時，上手に断った時のそれぞれについて，生徒に過去の経験を想起させ，その時の感情がどうであったかを言語化させる。

感情に焦点をあてた指導を展開することで，生徒は「上手な断り方」が単なる要領のよい方法ではなく，自他の尊重や，正しい道徳的な価値判断の行動化に結びつく重要なスキルであることを理解できる。

評価の観点と事後指導

【評価の観点】　過去の経験の想起や感情の言語化がなされたか。
　　　　　　　どの生徒も「意思表示」「謝罪」「理由の説明」「代替案の提示」を組みあわせた断り方を体験できたか。
【事後指導】　上手な断り方ができた時には発表させ全員で称賛する場面をつくる。

指導案

	学習活動・主な発問と予想される生徒の発言	指導上の留意点
導入	■前回の授業のふり返りとチャレンジの確認をする。 ■学習への興味関心を高める。 「Aさんは，先輩から日曜日に遊ぼうと誘われましたが，気が進みません。しかし，Aさんは誘いを断ることができず，日曜日にでかけたそうです。みなさんはこんな経験がありますか」	○チャレンジの確認場面では，取り組みについて必ず称賛する。 ○エピソードの紹介は簡潔に行い，生徒の過去の経験の想起を促すようにする。「ある，ある」という反応が得られればよい。
展開	【インストラクション】 ■断りにくい状況とその時の対応を発表し合う。 「同じような体験をした人はいますか。その時のあなたはどんな気持ちでしたか」 【モデリング】 ■相手の要求を断りにくい状況での①非主張的（消極的）②攻撃的の2つの対応について，どこが悪いか考えさせ発表させる。 ・「①は自分を，②は相手をそれぞれ大切にしていない」 　・「上手な断り方を学び，相手を傷つけず，自分の気持ちを正直に伝えよう」 ■③自他尊重的（主張的）な対応「上手な断り方」のモデルをロールプレイで示し，その行動要素を考える。 ・「できないと伝える」 ・「謝っている」 ・「断る理由を伝えている」 ・「かわりの提案をしている」 ■「上手な断り方」の行動要素を整理する。 　意思表示，謝罪，理由の説明，代替案の提示 【リハーサル】＆【仲間からのフィードバック】 ■ワークシートを用い，「上手な断り方」の台本をつくる。 ■3人グループをつくり，作成した台本を用いて要求する側，される側，観察者の役割を順番に体験する。感想を述べあう。 ・「この断り方なら，自分も相手も納得できる」 ・「この断り方なら，自分にもできそうだ」	○入学前や学校以外での体験など，現在の人間関係に支障が出ない内容を1〜2つ発表させる。良好な人間関係がない場合は，発表は省略する。 ○ワークシートを配布する。 ○要求する側，される側の感情に注意を向けさせる。 ○自分の意思を表現することの大切さにもふれる。 ○板書し枠で囲む。 ○板書「3種類の対応　①非主張的（消極的）　②攻撃的　③自他尊重的（主張的）」 ○板書し枠で囲む。 ○具体的な例を通して説明する。 ○4つの行動要素を確実に組みあわせているかを確認する。 ○生徒の感想を把握するとともに活動をサポートする。
終末	【教師からのフィードバック】 ■感想を発表しあい，実践に生かす意欲をもつ。 「誰もが，他人の要求に応えるかどうかなど，自分の行動を決め，それを表現し，その結果について責任をもつという権利があります。自分と相手の事情や気持ちをよく考えて，断るのか引き受けるのか決め，断る場合には今日の学習の成果を生かしていきましょう」 【チャレンジ】 ■チャレンジシートを配布し，1週間，意識して「上手な断り方」を実践するよう促す。	○感想を肯定的に受けとめ，全員が実践できるようはげます。 ○日常生活全般に生かすことができるように話をする。 ○ネット上で断る時もポイントは同じであることを伝える。 ○スキルは継続して練習することで身につくことを強調する。

ワークシート

氏名（　　　　　　　　　　　）

上手な断り方を学び，相手を傷つけず，自分の気持ちを正直に伝えよう

1　相手の要求に対する3つの対応を書いてみましょう。

　下校する時，生徒玄関付近で，生徒Aは生徒Bから声をかけられました。生徒Aは夕方に見たいテレビ番組があるので，急いで家に帰ろうとしています。

①　生徒B：「おい，A。これから一緒に遊ぼうぜ」
　　生徒A：「あ，うーん。ええと……」
　　生徒B：「いいだろ？　少しくらいつきあえよ」
　　生徒A：「あ，でも……」
　　生徒B：「俺のこと嫌いなのか？　行こうぜ」
　　生徒A：「え，ああ……，いいよ……」

生徒A，生徒Bそれぞれの気持ちを考えて書きましょう。
A：

B：

②　生徒B：「おい，A。これから一緒に遊ぼうぜ」
　　生徒A：「俺，急いでるんだ」
　　生徒B：「いいだろ？　少しくらいつきあえよ」
　　生徒A：「急いでるって言ってるだろ。しつこいな」
　　生徒B：「俺のこと嫌いなのか？　いいだろ？」
　　生徒A：「ダメだって言ってるだろ。本当にうるさいな」

生徒A，生徒Bそれぞれの気持ちを考えて書きましょう。
A：

B：

③　生徒B：「おい，A。これから一緒に遊ぼうぜ」
　　生徒A：「ごめん。悪いけど，今日用事があるんだ。だから今日は遊べない。また，誘ってくれる？」
　　生徒B：「ああ，わかった。また今度。じゃあな」

生徒A，生徒Bそれぞれの気持ちを考えて書きましょう。
A：

B：

2　「上手な断り方」のポイントを書いてみましょう。

3　「上手な断り方」の練習をしてみましょう（台本をつくってみましょう）。

ふり返りシート

氏名（　　　　　　　　　　　　）

1　今回の授業で取りあげたスキルは「上手に断るスキル」でした。
　　今日の授業をふり返ってみましょう。

	もう少し → できた				
①5つの授業のルールを守ることができた。	1	2	3	4	5
②今回の授業の内容について理解できた。	1	2	3	4	5
③今回の授業に積極的に参加できた。	1	2	3	4	5
④学んだスキルを積極的に生活に取り入れてみようと思う。	1	2	3	4	5

2　今回の授業を通して学んだこと，思ったことなどを自由に書いてください。

練習で君もスキル名人！

氏名（　　　　　　　　　　）

チャレンジシート

1　学んだスキルを生活の中でどのくらい生かすことができましたか。
　①〜④についてふり返り，「よくできた時は○」「ときどきできた時は△」「できなかった時は×」をつけましょう。

　　　　　（　　）月（　　）日から（　　）月（　　）日まで

上手に断るスキル	月	火	水	木	金	土	日
①相手のことを考えて丁寧に謝ることができた。							
②理由をきちんと伝えて断ることができた。							
③自分の気持ちや意思をさわやかに表現できた。							
④かわりの提案を伝えることができた。							
「上手に断る」ことだな，と思うことがあれば⑤⑥に加えて1週間できるかやってみましょう。							
⑤							
⑥							

2　「上手に断るスキル」で，上手にできたのは具体的にどのような場面でしたか。

3　「上手に断るスキル」を練習した感想や気づきを書きましょう。

スキル12 立ち止まって考えるスキル
ケアレスミスを防ぐには

このスキルのテーマ～主題設定の理由～

　中高生の時期は，勉強や部活，友人とのかかわりなどに日々追われ，自分のさまざまな行動を意図的に立ち止まってふり返りながら生活することが少ないと思われる。そのため，学習面など自分自身に関することや友人とのかかわりの中での，ちょっとしたミスやトラブルが発生すると，とまどい，そのまま落ち込んでしまうことが多い。

　この時期，立ち止まって考えることは，人間的な成長のために欠かせないスキルであり，これからの人生を有意義に過ごすために必要なことである。

　ここでは，中高生が日常的に起こしやすい，あるいは遭遇しやすいケアレスミスを，学習面をはじめ，メールやLINEなどのSNSによる友人関係などにおける題材から取りあげ，その原因を理解させる。ケアレスミスを防ぐために，どのように対処したらよいか考えさせ，立ち止まって考えるスキルの大切さに気づかせることをねらいとする。

インストラクションの板書例

```
立ち止まって考えるスキル

　立ち止まって考えるとは，日常の自分の生活や活動をふり返り，課題を見つけて，改善する方法を考えることによって，よりよい生活や活動をできるようにすること。

【ケアレス（うっかり）ミスとは】
　慣れによる油断や緊張，疲労などによって起きる（うっかり）ミス。
【ケアレス（うっかり）ミスを防ぐポイント】
①ケアレスミスの原因を分析する
　（なぜミスをしたのか，どのような時にしてしまうのか）
②自分にあった具体的な改善方法を考える
　（自分にあった方法を創りだす）
③改善方法をくり返し実践してスキルアップをはかる
　（身につける）

【授業のルール】
・じゃましない
・はずかしがらない
・ひやかさない
・積極的に参加する
・グループでの話しあいを大切にする
```

※中学生などに「ケアレスミス」がなじまない場合は，「うっかりミス」として取りあげてもよい。

ねらい

自分自身に関することや，友人及び集団とのかかわりに関することについて，立ち止まって考える姿勢を身につける。ここでは，特に，学習面や友人関係の中で起きやすいケアレスミスに焦点をあてて，何故ケアレスミスが起きるのか，またどのように対処したらよいかを考え，実践に結びつけたい。

本スキルの取り扱いポイント

(1) 資料の取り扱い

事前に，「自分が普段しやすいケアレスミスにはどんなものがあるか」など実際に経験した事例をアンケート調査し，それを活用すると授業に入りやすい。できるだけたくさん具体例をあげさせるとよい。メールや LINE などの SNS によるケアレスミスなどについても具体例をあげさせる。第1の着眼点は，教師の具体的な事例をもとにした説明から，立ち止まって考えることの重要性に気づかせることである。いくつかのケアレスミスの中から改善したいものを取りあげて，原因を分析し，具体的な改善策を検討する。分析・改善・実行の手順を通じて，気づきの手順を改善しようという姿勢の大切さも強調しておきたいものである。第2の着眼点は，話しあい活動を通して，自他の意見を尊重しあい，実用可能なよりよいアイデアを生み出させることである。

(2) この時間での工夫

普段の生活の中で，「立ち止まって考えること」の重要性について教師が具体例をあげることで理解を深めたい。特に，ここでは，実際に教師が経験した失敗体験を開示することで，生徒の授業への活動意欲を促進したい。また，具体的なケアレスミスへの対応として分析・改善・実行の手順を示すことで，生徒の取り組みのモデルとする。話しあい活動では，まず1人で検討してからグループ活動に移行させたい。このことによって自他の意見への理解が深まり，アイデアの発掘にもつながる。生徒の状況によっては，1つの事例をグループで検討して全体の中で発表させ，他グループのアイデアも生かして自分の課題に取り組ませる方法も考えられる。

評価の観点と事後指導

【評価の観点】 立ち止まって考えることの必要性とその方法が理解できたか。
ケアレスミスをなくすための具体的な改善策ができたか。
【事後指導】 ケアレスミスをなくそうとくり返しチャレンジすることで，徐々にケアレスミスがなくなっていくことにも気づかせたい。

指導案

	学習活動・主な発問と予想される生徒の発言	指導上の留意点
導入	1　事前に実施したケアレスミスのアンケート結果を紹介する。 2　「ミスをして，落ち込んだり困ったり問題が起きたりしたことがありましたか？」 ・自信をもっていたから，よけいに落ち込んだ。 ・友達から言われて頭の中が真っ白になった。	○ケアレスミスの内容を紹介して授業への関心を高める。 ○感情に焦点をあて，この課題への動機づけをする。
展開	【インストラクション】 ■「立ち止まって考えること」の重要性について説明する。また，本時は，ケアレスミスを防ぐための対処の仕方について学んでいくことを説明する。 ＜ポイント＞ ケアレスミスに気づき，次はないようにしようといった改善への意欲をもたせる。 ①ケアレスミスの原因を分析する。 ②自分にあった具体的な改善方法を考える。 ③改善方法をくり返し実践してスキルアップをはかる。 【モノローグ】 ■教師自身のケアレスミスの体験を語る。 【モデリング】 ■ケアレスミス対処法の具体例を学ぶ。 　モデル1：数学などのテスト問題。 　（悪い例）：「前回ミスしたところや自信のないところだけを見直す」 　（よい例）：「すべての解答を見直し，途中計算についても確認する」 　モデル2：メールやLINEでの送信ミス。 　（悪い例）：「たまたま相手を間違えたとあきらめる」 　（よい例）：「あわてる癖があると反省し，迷惑をかけないように確認してから謝罪のメールを送信する」 【リハーサル】＆【仲間からのフィードバック】 ■生徒自身があげた事例の原因を分析し，改善方法を考える。グループ内で意見交換し修正点を探り，全体に発表する。	○具体例をあげながら説明する。 　SNSの事例を取りあげてもよい。 ○各ポイントへの理解が深まるように具体的な事例を示す。 ○理解しやすい例を提示し，活動意欲を高めたい。 ○よい例と悪い例の相違点に気づかせたい。 ○原因の分析をしっかり行い，実行可能なものから取り組ませたい。 ○SNSでの典型的なミスにも気づかせる。 ○相手に謝罪のメールを出すなどをせず，立ち止まらないことで結果的に面倒なことになることに気づかせる。 ○グループ内で1つの事例を考えさせる方法もある。
終末	【教師からのフィードバック】 ■本時で学んだことをまとめ，くり返し実践するよう働きかける。 【チャレンジ】 ■ふり返りシート・チャレンジシートに記入する。	○本時で学んだことを確認する。 ○くり返し実行する意欲を高める。

ワークシート

氏名（　　　　　　　　　　　　　　　　）

立ち止まって考えるスキル　ケアレスミスを防ぐには

1　「立ち止まって考える」とは

> 　日常の自分の生活や活動をふり返り，課題を見つけて，改善する方法を考えることによって，よりよい生活や活動をできるようにすること。

2　「ケアレスミス」とは

> 　慣れによる油断や緊張，疲労などによって起きる（うっかり）ミス

> 【ケアレスミスを防ぐポイント】
> ①ケアレスミスの原因を分析する。（「なぜケアレスミスをするのだろう」）
> ②自分にあった具体的な改善方法を考える。（「行動する前に，『ちょっとまって』と自分に声をかける」）
> ③改善方法をくり返し実践してスキルアップをはかる。（「二度チェックするようにしよう」）

3　「立ち止まって考えるスキル　ケアレスミスを防ぐには」のモデルからわかったことをまとめてみましょう。

悪い例から：

よい例から：

相違点：

4　直していきたいケアレスミスについて分析し，改善策を見つけてみましょう。

ケアレスミスの内容：

ケアレスミスの原因：

改善策：

5　グループでの話しあいから学んだことをまとめましょう。

2章　これだけは，徹底したいターゲットスキル

ふり返りシート

氏名（　　　　　　　　　　　　）

1　今回の授業で取りあげたスキルは「立ち止まって考えるスキル　ケアレスミスを防ぐには」でした。今日の授業をふり返ってみましょう。

	もう少し　→　できた				
①「立ち止まって考えること」の重要性を理解することができた。	1	2	3	4	5
②「ケアレスミスを防ぐためのスキル」について理解することができた。	1	2	3	4	5
③今回の授業に積極的に参加できた。	1	2	3	4	5
④グループ内での話しあいが積極的にできた。	1	2	3	4	5
⑤学んだスキルを積極的に生活に取り入れてみようと思う。	1	2	3	4	5

2　今回の授業を通して学んだこと，思ったことなどを自由に書いてください。

練習で君もスキル名人！

氏名（　　　　　　　　　　　）

チャレンジシート

1　学んだスキルを生活の中でどのくらい生かすことができましたか。
　①〜③についてふり返り，「よくできた時は○」「ときどきできた時は△」「できなかった時は×」をつけましょう。

　　　　（　）月（　）日から（　）月（　）日まで

立ち止まって考えるスキル　ケアレスミスを防ぐには	月	火	水	木	金	土	日
①毎日の自分の生活でふと立ち止まり，ふり返りながら生活しようとした。							
②ケアレスミスの原因を整理・分析して，改善策を考えることができた。							
③ケアレスミスの改善策をくり返し実践して，スキルアップをはかった。							

「継続は力なり」続けてやってみましょう。

2　「立ち止まって考えるスキル」で，上手にできたのは具体的にどのような場面でしたか。またその理由は何だと思いますか。

3　「立ち止まって考えるスキル」を練習しての感想や気づきを書きましょう。

【ケアレスミスについてのアンケート】

　　　　　　クラス　　番号　　名前

　今までの生活の中で，学習面など自分自身に関することや学級・部活など友人・集団とのかかわりに関することで，ケアレスミスをして落ち込んでしまったり，トラブルを起こしてしまったりしたことがありますか。あったとしたら，それはどのようなことですか。また，結果に対してどのような対処をしましたか。ふり返って下の欄に記入してみましょう。
「ケアレスミスとは：慣れによる油断や緊張，疲労などによって起きる（うっかり）ミス」
（例1）テストの時に，計算はあっていたのに，解答欄に書く時に間違えてしまった。
その結果と対処：自分ではできたと思ったのに，解答用紙を見て落ち込んでしまったので，次回からは見直そうと思った。
（例2）LINEで，友達に送る内容を，間違えて先輩に送ってしまっていた。
その結果と対処：文句を言われ，悲惨な状態になってしまったので，送信する前に必ず読み返すようにした。

1
　その結果と対処：

2
　その結果と対処：

スキル13 SNSによるコミュニケーションスキル
仲よしでいるために

このスキルのテーマ〜主題設定の理由〜

近年，情報化が著しい中で，新しい「コミュニケーション」の方法として注目されているのが，メールやSNS（Social Networking Service）を使ったやりとりである。かつては，「コミュニケーション」の基本は，相手と直接会って「顔」を見て話すことであった。しかし，パソコンや携帯電話などが私たちの生活において身近になったことで，他者とのつきあい方も変化している。メールやSNSでのやりとりは便利な面もあるが，言葉以外の表情やしぐさ，声がわからないために，自分の思いが相手に正しく伝わらなかったり，相手の言葉を正しく受けとめることができなかったりする場合がある。

最近では，「SNS疲れ」や「SNS鬱」という言葉を耳にするようになった。「すぐに返事をしなくてはならない」「何かコメントをしなくてはならない」など，義務のような強制されている気持ちが強くなり，精神的に追いつめられてしまう人が増えているようである。こうしたことを逆手にとって，「ネットいじめ」など深刻な問題も生じている。

本項では，実際の対人場面とネットワークを介したコミュニケーションの場面で注意すべき点の違いを理解し，情報化社会における適切なコミュニケーションの手段を学ぶことをねらいとする。

インストラクションの板書例

```
      SNSによるコミュニケーションスキル         【授業のルール】
        SNS = Social Networking Service        ・じゃましない
    例えば，LINE, Twitter, Facebook など         ・はずかしがらない
    ○よいところ          △困ったところ         ・ひやかさない
    ・簡単にコミュニケーション  ・トラブルの原因になる  ・積極的に参加する
     がとれる              ・炎上              ・グループでの話しあいを大
    ・すぐに大勢に連絡できる   ・ずっと使ってしまう     切にする

           【スキルのポイント】
    ①使っている言葉を確認する（たくさんの言葉から選ぶ）
    ②誤解されないか考える（感じ方の違いから見直す）
    ③他の伝え方を試す（より伝わる方法や表現を探す）
```

ねらい

メールやSNSは，情報化社会の便利なコミュニケーションツールであり，大勢の人たちと瞬時につながるという利点がある反面，使い方によっては人間関係を悪くしてしまうことが少なくない。実際の対人場面とSNSを使ったコミュニケーションの場面では注意すべき点が異なるものの，実質として，コミュニケーションの手段にかかわらず，対人関係において重要なことは，「相手を思いやる」心であることに気づかせたい。

本スキルの取り扱いポイント

(1) 資料の取り扱い

SNSを使ったコミュニケーションに関連づけたワークを通し，ネットワーク社会で「人間関係を良好に保つ」にはどうすればよいか考えさせることからはじめる。

第1の着眼点は，SNSによるコミュニケーションとは何かについて理解し，そのよい面と悪い面に気づかせることである。ここでは，具体的な事例をあげてその理解を深めていく。

第2の着眼点は，SNSなどのコミュニケーションにおいて「誤解を生んで，トラブルにならないために」必要な行動や態度ついてモデルを通して気づかせることである。そして，ロールプレイや話しあいから，他者の意見や考えを尊重し，互いに認めあう思いやりのある気持ちを醸成し，適切な行動を習得することを目指す。

(2) この時間での工夫

ここでは，生徒に対して，自身の経験や体験を語るモノローグのアプローチを活用する。授業の導入に，本時のターゲットスキルに関連する教師の体験を話すことで，生徒の興味関心を集めることができる。また，話し手である教師（あるいはTA）の「自己開示」にもつながる。自分自身のことを生徒へ伝える行動は，生徒にとってよいモデルとなり，自分のことを相手にどのように話せばよいのか，その伝え方も学ばせることができる。これにより，教師と生徒の信頼関係も生まれるので，授業が生き生きと展開されることになる。

評価の観点と事後指導

【評価の観点】　文字による「会話」の難しさに気がつき，相手の気持ちを理解したやりとりができるようになったか。

【事後指導】　個人情報の取り扱いが重要であることと，自分が発信した情報に責任をもつことの大切さに気づかせたい。

指導案

	学習活動・主な発問と予想される生徒の発言	指導上の留意点
導入	1　前回の授業のふり返りと授業のルールの確認を行う。 ○チャレンジの結果をもとにする。 2　アイスブレーキング：「連想ゲームをしよう」 ○Q1：あなたが1番好きな料理のメニューは何ですか？ ○Q2：今，1番人気のあるグループといえば？ ○「連想ゲームの回答の違いを見て，どのように思いましたか？」 ・人によって考えていることが違うということがわかった。 ・自分があたりまえだと思っていたことが，そうではなかった。	○練習が大事であることを確認する。 ○回答の違いを比較し，人はそれぞれ感じ方の違い，価値観の違いがあることを確認する。Q2は以下のモデル2につなげる。 ○どのような回答も間違いではないことを確認し，お互いの違いを尊重するように促す。
展開	【インストラクション】 ■SNSによるコミュニケーションについて説明する。 「SNSは情報化社会の便利なコミュニケーションツールです。大勢の人たちと瞬時につながるという利点がある反面，使い方によっては人間関係を悪くしてしまうこともあります。みなさんもそういう経験はないですか？」 「顔が見えないSNSでのコミュニケーションは誤解が生じやすく，トラブルの原因になります。今日は誤解を与えないコミュニケーションの方法を学んでいきましょう」 【モノローグ】 ■SNSによるコミュニケーションの経験を教師が語る。 〈スキルのポイント〉 ①使っている言葉を確認する（たくさんの言葉から選ぶ） ②誤解されないか考える（感じ方の違いから見直す） ③他の伝え方を試す（より伝わる方法や表現を探す） 【モデリング】 ■「文字のみのコミュニケーションがどのようなものか見てみましょう」 モデル1：どちらにもとれる言葉。 （悪い例）：「子犬は，いいよ」「今日は，いいよ」 （よい例）：「子犬は，いらないよ」「今日なら，いいよ」 ■「人によって捉え方が違う場合に，なにげなく使った言葉が誤解を生みます」 モデル2：軽い気持ちで書いただけ（そんなつもりはなかったのに）。 （悪い例）：「やっぱり○○は最高のグループ。○○を聴いて感動しない人なんているの？」（△△のことを馬鹿にしている⁉） （よい例）：「私は○○が大好きです。感動するのでみんなも聴いてみて」 【リハーサル】＆【仲間からのフィードバック】 ■グループで，モデル1やモデル2と同じような言葉や場面を探して，誤解がないように伝えることができる言葉に書きかえる。 ■グループのメンバーで，お互いの意見を共有し，感じ方の違いや伝わりやすい言葉を確認する。	○生徒がわかるように例を用いて説明する。 ○子どもたちの体験を引きだし，身近で重要なテーマであることを意識させる。 ○スキルを身につけることで，トラブルを防止できることを指摘し，動機づけを高める。 ○教師の体験をスキルのポイント①・②・③のいずれかを意識して語る。生徒にとって身近なものと感じさせながら，素直な感想を発表させる。 ○モデルを見て，同じ文字を読んでも捉え方が人それぞれであることを理解させる。 ○お互いに相手の言葉がたりないことを指摘して，どちらか一方が悪いわけではないことを確認する。 ○文字だけを見せて考えさせ，その後，読みあげる際に肯定と否定の両方の抑揚を用いて，非言語的な情報の重要さを指摘する。 ○モデル1でスキルのポイントを確認する。 ○連想ゲームであがったグループ名を用いる。 ○価値観は人それぞれであり，読む人によっては悪く言われていると感じる場合もあることを確認する。 ○モデル2で自分が意図しない解釈を受けて，トラブルになることを確認する。 ○積極的な参加を促す。 ○受けとり方，価値観の違いを認め，お互いに尊重しあうことを促す。
終末	【教師からのフィードバック】 ■文字だけで伝える場合，表現や言葉の使い方に気をつけることを指摘する。 ■読んだ人の気持ちを考えやりとりが大切であることに気づかせる。 【チャレンジ】 ■日常生活の中で意識的に使ってみることを促す。	○SNSのコミュニケーションだけでなく，実際の対人場面でも同じように大切であることに気づかせる。 ○練習することを促す。

ワークシート

氏名（　　　　　　　　　　　　　）

SNSによるコミュニケーションスキル

【SNS】
ソーシャル・ネットワーキング・サービス（Social Networking Service）の略で，人と人とのつながりを目的とするコミュニケーションツールのこと。同じ趣味や好みをもつ友達とネットワーク上で交流することができるものである。

【ポイント】
①使っている言葉を確認する（たくさんの言葉から選ぶ）
②誤解されないか考える（感じ方の違いから見直す）
③他の伝え方を試す（より伝わる方法や表現を探す）

1　「SNSによるコミュニケーション」についてモデルから考えたことをまとめましょう。

モデル1から　　　　　　　　　　　　　　　　モデル2から

2　学んだスキルを使ってみましょう。
　　モデル1やモデル2のような誤解されやすい言葉や場面の例をあげて，より伝わるように言葉を書きかえてみましょう。

　　△伝わりにくい，誤解されやすい言葉　　　　◎伝わりやすい，誤解されにくい言葉

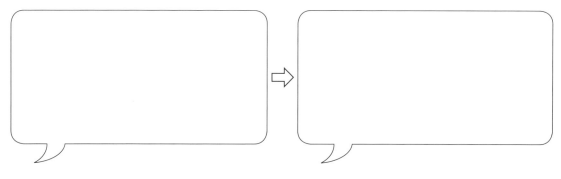

2章　これだけは，徹底したいターゲットスキル

ふり返りシート

氏名（　　　　　　　　　　　　）

1　今回の授業で取りあげたスキルは「SNSによるコミュニケーションスキル」でした。
　　今日の授業をふり返ってみましょう。

	もう少し →　できた				
①5つの授業のルールを守ることができた。	1	2	3	4	5
②今回の授業の内容について理解できた。	1	2	3	4	5
③今回の授業に積極的に参加できた。	1	2	3	4	5
④学んだスキルを積極的に生活に取り入れてみようと思う。	1	2	3	4	5

2　SNSによるコミュニケーションであなたが気をつけていることは何ですか。
　　または，今日の授業を通して気をつけようと思ったことは何ですか。

3　SNSによるコミュニケーションと実際に相手が目の前にいるコミュニケーションの違い
　　はどのようなところでしょう。あなたの気持ちや考えを伝えるために，どのような工夫が
　　できるか気がついたことを書いてみましょう。

練習で君もスキル名人！

氏名（　　　　　　　　　　　　）

チャレンジシート

1. 学んだスキルを生活の中でどのくらい生かすことができましたか。
   ①～④についてふり返り，「よくできた時は○」「ときどきできた時は△」「できなかった時は×」をつけましょう。

   （例）友達の写真にコメントをつけてアップロードする前に確認した。
   　　　誤解がないように会った時に確認した。スタンプで気持ちが伝わるようにした。

   （　　）月（　　）日から（　　）月（　　）日まで

SNSによるコミュニケーションスキル	月	火	水	木	金	土	日
①使っている言葉を確認した（たくさんの言葉から選んだ）。							
②誤解されないか考えた（感じ方の違いから見直した）。							
③他の伝え方を試した（より伝わる方法や表現を探した）。							
④SNSだけでなく，普段の生活でもスキルを意識して使った。							
SNSによるコミュニケーションに必要なことだな，と思うことがあれば下に加えて1週間できるかやってみましょう。							

2. 「SNSによるコミュニケーションスキル」から，普段のコミュニケーションにも生かせることを考えてみましょう。

3. 「SNSによるコミュニケーションスキル」を練習した感想や気づきを書きましょう。

2章　これだけは，徹底したいターゲットスキル

スキル14 自尊心を高めるスキル
イケてる自分を発見できる

このスキルのテーマ～主題設定の理由～

「自尊心」とは，自分の存在を肯定する気持ちである。日本では「高慢さ」や「うぬぼれ」と同一視される傾向があるが，英語では「自尊心」は「Self-Esteem」，「高慢さ」は「Pride」と表現され，違う言葉で認識されている。自尊心は，「ありのままの自己を尊重し受け入れる」「自分は（欠点も含め）自分でいいと思える」という感覚のことで，安心・安定感，人との関係を築く力などとも関連する大切なものである。つまり，自尊心をほどよく獲得できると「自分を大切に思うように，他人も大切にする」ことができる。逆に，自尊心が低いと，対人関係などに余分なストレスが加わり，鬱などの心の病や非行などの問題につながりやすくなると考えられている。思春期の中高生の時期は，仲間関係に敏感で，他者と比較して劣等感を抱き，自尊心が低くなりやすい。この授業の中で，仲間と話しあうなどのチャレンジをし，さまざまな考え方を学び，自分を受け入れてもらう中で，自己をふり返って，短所を含め「捨てたものじゃない」「イケてる」自分に気づかせたい。自尊心を高め，自他を大切にする態度を身につけることをねらいとする。

インストラクションの板書例

自尊心を高めるスキル

【自尊心とは？】
「ありのままの自分を尊重し受け入れる（気持ち）」
・肯定的な面（長所）＝自尊心を高める。
・否定的な面（短所）＝自尊心を低める。

【ポイント】
①自分の長所と短所を理解する。
②短所も含め，自分は自分でいいと思える感覚をもつ。
③「こうしていきたい」という目標をもつ。
④自分を大切に思うように，友達も大切にしていく。

【授業のルール】
・じゃましない
・はずかしがらない
・ひやかさない
・積極的に参加する
・グループでの話しあいを大切にする

「リフレーミング」の際には，話題のアプリが本になった『ネガポ辞典』やインターネット検索で出てくる『リフレーミング辞典』などが参考になります。

授業中，そのまま残して，消さない。あらかじめ模造紙に書くなどして用意しておくと時間の節約になる。

右半分は，生徒の意見を書いたり，写真や絵を貼ったりする。実施クラスらしさをまとめられる。

ねらい

いつも短所だと思っている自分の性格を，友達に見方を変えてもらうこと（リフレーミング）により，長所にもなることに気づき，短所も含め「自分は自分でいい」と思えるようにしたい。そして，自分の長所を友達に伝え，そのことで役立っていることを教えてもらうという，受容的な話しあいの過程で，自尊心（セルフエスティーム）を高めさせたい。

本スキルの取り扱いポイント

(1) 資料の取り扱い

「自尊心」に関連づけたワークを通し，「自己理解」を深め，話しあいの素地をつくる。

第1の着眼点は，「自尊心」の定義を知り，「自分の自尊心とは何か」について考えさせることである。ここでは，教師のモノローグ（語り）をモデルとし，理解を促進させる。

第2の着眼点は，モデルから自分自身の行動をふり返り，自分の自尊心の話を班のメンバーに聴いてもらい，そのことで助かったと思うことなどを教えてもらうことである。先に学習した「話す・聴くスキル」を思いださせ，再度自分の自尊心についての話をし，受容的に聴いてもらう過程で，自尊心を高めて自他を大切にする姿勢を身につけさせたい。

(2) この時間での工夫

中高生の頃は，友達の前でいきなり長所を言うことに抵抗を感じやすい。まず，2人組で友達に自分の短所を伝えてリフレーミングしてもらい，班員にペアの子から発表してもらう中で，話しあいのあたたかい雰囲気づくりをする。ここでは，教師自身の体験を語るモノローグのアプローチを有効活用したい。授業の展開のはじめに，本時のターゲットスキルに関連する体験を話すことで，生徒に興味・関心をもたせるとともに，話し手である教師（TTの場合は複数教師，またはTA）の「自己開示」にもつながる。（例は，肯定的・否定的・両方ある場合，があるとよい）

（例）「私は毎日どこででも，笑顔であいさつをするので，相手もあいさつを返してくれます。笑顔のあいさつが少しでも広がっているのがうれしいです。でも，私は夢中になると周囲に気づかず，生徒から先にあいさつされる時もあるけれど，『あっ，おはようございます。ありがとう！』などと返して，普段よりもちょっとかかわれた気になり，いいかなぁと思います」

評価の観点と事後指導

【評価の観点】　自他を大切にしながら，班での話しあいができたか。（言葉づかい・態度）
　　　　　　　「ありのままの自分」を理解し，受け入れることができたか。

【事後指導】　「こうしていきたい」という目標をもち，自他を大切にし続けていく意義を伝えたい。

指導案

	学習活動・主な発問と予想される生徒の発言	指導上の留意点
導入	1　前回の授業のふり返りと授業のルールの確認を行う。 ○チャレンジの結果を生徒に返し，少しでも成長できた喜びを共有する。 2　アイスブレーキング：「イケてる自分に気づこう！」2人組でリフレーミングし，4人程度の班でふり返る。 ○「リフレーミングをしてみてどう思いましたか？」 ・テレるけど，友達に言ってもらえてうれしかった。 ・短所だと思っていたところが長所にもなると気づいた。 ・欠点ばかり，よいところばかりの人はいないとわかった。	○練習が大事であることを確認する。 ○一人一人の成長にあわせて評価する。 ○リフレーミング資料を配付・説明し，自分で短所だと思うところを3つ書いたものを，ペアの生徒にリフレーミングしてもらい，班メンバーごとに発表させる。手間どっている生徒のところに，さり気なくサポートに入る。
展開	【インストラクション】（ワークシートを配布） ■「自尊心」について説明する。 「『自尊心』とは，『ありのままの⑱自分を㊥重し受け入れる⑰（気持ち）』のことです。肯定的な面（長所）と否定的な面（短所）があり，肯定的な面は自尊心を高め，否定的な面は自尊心を低めてしまいます」 「英語で自尊心は『Self-Esteem（セルフエスティーム）』，自負・うぬぼれは『Pride』と訳され異なります。『自分は（欠点も含め）自分でいいと思える』大切な感覚です」 「例えば，毎日食事をし，寝るということも，生きる上で『自分を大切にする』ということにつながります」 ＜ポイント＞ ①自分の長所と短所を理解する。 ②短所も含め，自分は自分でいいと思える感覚をもつ。 ③「こうしていきたい」という目標をもつ。 ④自分を大切に思うように，友達も大切にしていく。 【モデリング】【モノローグ】 ■自尊心についての教師の体験を語る。 （例）「私は毎日どこででも，笑顔であいさつをするので，相手も必ずあいさつを返してくれます。笑顔のあいさつが少しでも広がっているのがうれしく，それが私の自尊心を高めてくれます」 ■「今の話を聴いてどう思いましたか？」 【リハーサル】＆【仲間からのフィードバック】 ■「イケてる自分探し～自分の自尊心に気づく～」 「①自分はどんなことで自尊心が高まるのかを書いて，班で伝えあってください。②メンバーはそれをどう思い，③どんな風に役立っているかを教えあってください」「教えてもらったことをどう感じたかを書き，非言語に注意して，再度班で発表してください」 ■ふり返りシートを記入。（ふり返りシートを配布） 「班ごとでふり返りをします。シートを記入して，班ごとでふり返りをしてください」	○生徒にわかりやすい例を用いて説明する。 ○導入「イケてる自分に気づこう！」を思いださせる。 ○日本では「プライド」と同義に捉え，好意的でない印象をもたれがちである。だが，自尊心をほどよく獲得できると自分も相手も大切にできるので，良好な仲間関係を築くのに重要であることを伝える。 ○普段のあたりまえの行動の中にも，自分を大切にできていることがあると気づかせたい。 ○自身をふり返り，友達から気づきをもらい，受け入れてもらう過程で，自己理解を深め，ありのままの自分を受け入れられるように支援する。 ○教師の体験（1～3例）を話し，身近なものと感じてもらえるようにし，素直な感想を発表させる。（TTの場合，交替で話をしたい） ○①自尊心を高めてくれることを強調し，②周囲からどう思われて，③どう役立っているのか，「話すスキル」（非言語）に気をつけて見本を示す。（肯定的・否定的・両方ある場合も可） ○班のメンバーは「聴くスキル」を生かして受けとめ，どのような場面で役立っているのかを具体的に教えあえるように配慮する。 ○班で出た意見や自分の感想を大切にしながら，ふり返りシートに記入させる。
終末	【教師からのフィードバック】 ■本日のポイントを復習し，まとめとする。 【チャレンジ】（チャレンジシートを配布） ■日常生活で意識的に自他を大切にするようアドバイスする。	○友達の話を真剣に聴く中で，各自が自尊心を高められたこと，教師も気づきを得られたことなどの感謝の気持ちを伝える。 ○積極的に練習をすることを促す。

ワークシート

氏名（　　　　　　　　　　　　　）

自尊心を高めるスキル

① 本日のペアと班メンバー（自分とペアを含めて4人程度）を決め，氏名を書きましょう。
　　本日のペア（　　　　）　本日の班メンバー（　　　　）・（　　　　）・（　　　　）・（　　　　）

【イケてる自分に気づこう！】

② 自分で短所だなぁ……と思うところを1～3つ書いてください。

私の短所だと思うところ	リフレーミング（見方を変えてみよう！）
（例）だらしない	➡ おおらか・こだわらない・ゆったりしている
（例）怒りっぽい	➡ 感受性豊かな・正義感が強い・情熱的な
1	➡
2	➡
3	➡

③ ペアにリフレーミングしてもらいましょう。（配布資料を参考にしてもいいです）
④ 班メンバーに対して，ペアの子からリフレーミング後の性格を，順番に紹介してもらいましょう。
　　（例）○○さんは，おおらかでこだわらない性格です。また，正義感が強く情熱的な面もあります。
⑤ ペアに紹介してもらって，どう思いましたか？　班ごとにふり返ってみましょう。

1　「自尊心」とは？

【自尊心とは？】
　ありのままの自分を尊重し受け入れる心（気持ち）のことで，肯定的な面（長所）と否定的な面（短所）があり，肯定的な面は自尊心を高め，否定的な面は自尊心を低めてしまう。

【ポイント】
①自分の長所と短所を理解する
②短所も含め，自分は自分でいいと思える感覚をもつ
③「こうしていきたい」という目標をもつ
④自分を大切に思うように，友達も大切にしていく

2　「自尊心を高めるスキル」についてモデルからわかったことをまとめてみましょう。

3　リハーサル（グループでの話しあい）から学んだことをまとめてみましょう。

①自分はこういうことで自尊心が高まる！→
②メンバーからの感想は？→
③どんな風に役立っていましたか？→
④教えてもらったことをどう感じましたか？→

2章　これだけは，徹底したいターゲットスキル

ふり返りシート

氏名（　　　　　　　　　　　　）

1　今日，班メンバーで最後に話した内容（ワークシートの3の①～④）をまとめておきましょう。

(例)私の自尊心は（①いつでもあいさつをする）ということで高まります。班のメンバーから，（②気持ちがよくなるし，③別の人にもあいさつしようという気持ちになる）という点で役立っていると言ってもらえ，今私は（④うれしくて，これからも笑顔であいさつをしていこう）という気持ちです。

私の自尊心は，（①　　　　　　　　　　　　　　　　　　　　　　　　　　　） ということで高まります。班のメンバーから，（②　　　　　　　　　　　　　　　　　③　　　　　　　　　　　　　　　　　　　　）という点で役立っていると言ってもらえ，今私は （④　　　　　　　　　　　　　　　　　　　　　　　　　　　　　　）という気持ちです。

2　今回の授業で取りあげたスキルは「自尊心を高めるスキル」でした。
　　今日の授業をふり返ってみましょう。

	もう少し　→　できた				
①5つの授業のルールを守ることができた。	1	2	3	4	5
②今回の授業の内容について理解できた。	1	2	3	4	5
③今回の授業に積極的に参加できた。	1	2	3	4	5
④学んだスキルを積極的に生活に取り入れてみようと思う。	1	2	3	4	5

3　今回の授業を通して学んだこと，思ったことなどを自由に書いてください。

練習で君もスキル名人！

氏名（　　　　　　　　　　　　　）

チャレンジシート

1　今日，友達の自尊心の話を聴いて，「自分もこういう風になりたい」「もう少しここに気をつけた方がいいかなぁ……」などと思ったことを，下の表の⑦の空欄に書いてみましょう。そして，1週間，改善に向けてチャレンジしてみましょう！　（例）自分の言動に気をつける。

2　学んだスキルを生活の中でどのくらい生かすことができましたか。
①〜⑦についてふり返り，「よくできた時は○」「ときどきできた時は△」「できなかった時は×」をつけましょう。

（　　）月（　　）日から（　　）月（　　）日まで

自尊心を高めるスキル	月	火	水	木	金	土	日
①食事と睡眠を十分にとれた。							
②遅刻をしなかった。							
③宿題を提出日通りにできた。							
④授業に前向きに参加できた。							
⑤計画的に勉強などに取り組めた。							
⑥相手の気持ちを考えて行動できた。							
⑦							

3　2の表をふり返り，「自尊心を高めるスキル」を活用してみて，自分と周囲（相手）を大切にできていたと思いますか？　特に，よかった点は何ですか？

4　⑦の"新しい自分"に向けてチャレンジしてみて気づいたこと，感想などを教えてください。

2章　これだけは，徹底したいターゲットスキル

スキル15 異性と上手にかかわるスキル
違うからこそ互いに思いやる

このスキルのテーマ〜主題設定の理由〜

　中高生の時期は成長とともに，第二次性徴に伴い身体が変化していく時期である。近年，第二次性徴がはやまる発達加速現象が指摘され，おだやかな児童期が失われたことから，身体的成長と心理的成長のアンバランスが増幅されたと言えよう。中学生頃は，親しい友達と互いの共通点を「私たち同じね」などの言葉で確認しあい（「チャム・グループ」女子に特徴的），高校生頃は，互いの興味・関心の共通性・類似性だけでなく，互いに異なる部分も認めあえるようになっていく（「ピア（＝仲間）・グループ」男女混合）。しかし，発達加速現象を背景に「チャム・グループの肥大化」「ピア・グループの遷延化」の問題が指摘されている（保坂，2012）。よりいっそう，同性・異性にかかわらず，良好なコミュニケーションをとることが求められる。中高生頃は，異性に関心をもってかかわりたいと思う気持ちが高まる一方，緊張や不安も抱きやすい。異性として捉える前に，まず相手を1人の人間として受け入れ，「共感」しながら理解していく姿勢を身につけさせたい。その基盤として，自他をよく見つめて理解し，今まで学習したスキルをふり返って活用させたい。そして，互いが異なるからこそ理解し，思いやることの大切さに気づかせることをねらいとする。

インストラクションの板書例

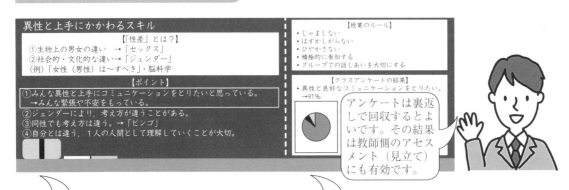

ねらい

中高生の時期は，異性と良好なコミュニケーションをとりたいと思っていても，緊張や不安を抱く傾向にある。それを知ることで安心感をもって学習させ，異性同性関係なく，自分とは別の個性ある1人の人間として理解していく大切さを，共感のスキルを軸に気づかせたい。

本スキルの取り扱いポイント

(1) 資料の取り扱い

第1の着眼点は，異性への関心と不安を共有し，以前学んだ「コミュニケーションのスキル」「感情をコントロールするスキル」などを思い出させて，それらを上手く活用することを学ばせることである。

第2の着眼点は，「共感のスキル」のポイントを学習し，ワークシート（生徒がコミュニケーションで困るような場面）にセリフを書かせ，ペアでのロールプレイと班での話しあいとにより，相手と同じ気持ちになって，声かけや行動ができるようになることである。

(2) この時間での工夫

同性も異性も同様に，自分とは違う人間として，一人一人好みや感じ方が違う面白さを再確認し，共通すると「何だかうれしい」という体験を，導入の「ビンゴゲーム～私の好きな食べもの～」で楽しみながら体験させたい。同時に，本時の話しあいのためのあたたかい雰囲気をつくりたい。事前アンケートができるようなら，「異性と良好なコミュニケーションをとりたいと思っている？」「うれしかったことはどのような場面？」「困ったことはある？」などを書いてもらうとよい。生徒の学習へのモチベーションを高めるとともに，教師側の生徒理解にも役立てられる。ここでは，教師自身の体験を語るモノローグのアプローチを有効活用する。授業の展開のはじめに，本時のターゲットスキルに関連する体験を話すことで，生徒に興味・関心をもたせるとともに，話し手である教師（TTの場合は複数教師，またはTA）の「自己開示」にもつながる。

(例)「私が高校生の時，1人で文化祭の準備をしている男子がいて，どう声をかけていいか困ったので，黙って手伝いました。でも，今思うと『1人で大変そうだね。はやくきれいにできるといいね。手伝っていい？』と笑顔で言ってから手伝えばよかったなぁ……と後悔しています」

評価の観点と事後指導

【評価の観点】 相手と同じ気持ちになり，相手のどんなところに「共感した」かを言葉で伝えられたか。「共感した」気持ちを非言語（ノンバーバル）な行動に表せたか。

【事後指導】 生活の中で常に自分の気持ちを客観的にモニターチェックし，相手の行動をよく見て共感できるところを見つけ，あたたかい視点を身につけさせたい。

指導案

	学習活動・主な発問と予想される生徒の発言	指導上の留意点
導入	1　前回の授業のふり返りと授業のルールの確認を行う。 ○チャレンジの結果を生徒に返し，少しでも成長できた喜びを共有する。 2　アイスブレーキング：「ビンゴゲーム～私の好きな食べもの～」4～6人程度の班（男女半々の偶数が望ましい）で実施し，ふり返りをする。 ○「ビンゴゲームをしてみてどうでしたか？」 ・○○さんと同じのが3つあってうれしかった。 ・○○君が○○好きだと知ってカッコイイと思った。	○練習が大事であることを確認する。 ○一人一人の成長にあわせて評価する。 ○「ビンゴシート」を配付し計9個記入する。記入は様子をみて3分程度で区切る。メンバーの好きな食べものを覚えるつもりでよく聴くように促す。メンバーで見せあい，ふり返りをする。
展開	【インストラクション】（ワークシートを配布） ■アンケート結果を報告する。 ■「性差」について確認する。 　①生物上の男女の違い　→「セックス」 　②社会的・文化的な違い→「ジェンダー」（例）「女性（男性）は～すべき」 【モデリング】【モノローグ】 ■教師が異性とのコミュニケーションで体験したことを語る。 （例）「私が高校生の時，1人で文化祭の準備をしている男子がいて，どう声をかけていいか困って黙って手伝いました。『1人で大変そうだね。手伝っていい？』と笑顔で言ってから手伝えばよかったです」 ■「今の話を聴いてどんな感想をもちましたか？」 　＜ポイント＞ 　①みんな異性と上手にコミュニケーションをとりたいと思っている。 　　→みんな緊張や不安をもっている。 　②ジェンダーにより，考え方が違うことがある。 　③同性でも考え方は違う。 　④自分とは違う，1人の人間として理解していくことが大切。 　＜「共感するスキル」のポイント＞ 　①相手のどんなところに共感したのかを伝える。 　②共感した気持ちを言葉で伝える。 　③非言語（ノンバーバル）も上手に組みあわせる。 【リハーサル】＆【仲間からのフィードバック】 ■異性とペアになり，「共感するスキル」の①～③に留意しながらワークシートを記入する。 ■「書けたら，ワークシートをもとに練習し，交替してみましょう」 「ペアの2人が練習している間，残りのメンバーは観察役です。終わったら交替し，すべての役を体験してください」 ■ふり返りシートを記入。（ふり返りシートを配布） 「班ごとでふり返りをします。ふり返りシートを完成させて，気持ちを伝えあってください」	○中高生頃の異性への関心と不安について共有する。 ○最近の脳科学の話などもからめ，生徒が興味をもてるように，わかりやすい例を用いて説明する。 ○教師の体験（1～3例）を話し，身近なものと感じてもらえるようにし，素直な感想を発表させる。（TTの場合，交替で話をしたい） ○アンケート結果から確認。（SNSはOKなのに直接話すのは苦手，など） ○「ビンゴゲーム」から，同性でも好みは違うこと，思いを共感してもらえてうれしかったことを思いださせる。 ○自身の緊張や不安に気づく大切さ，以前学んだ「コミュニケーションのスキル」「感情をコントロールするスキル」をふり返る。 ○相手の様子（態度・表情）をよく観察し，同じ立場になって気持ちを想像させる。どこにジーンとしたかを把握させる。 ○班ごとに円陣となり，ペアは隣あわせに座れるように配慮するとよい。 ○ロールプレイをしている間，様子をみて，必要に応じてさりげなくフォローする。 ○班で出た意見や自分の感想を大事にしながら，ふり返りシートに記入させる。 ○①メンバーのよかった点，②自分の改善点をまとめ，発表しあう。 ○話しあいの気づきもメモさせる。
終末	【教師からのフィードバック】 ■本日のポイントを復習し，まとめとする。 【チャレンジ】（チャレンジシートを配布） ■「日常生活で，常に自分の気持ちを客観的にモニターチェックし，相手の行動をよく見て共感できるところを見つけられる，あたたかい視点をもっていきましょう」	○相手と同じ気持ちになり，相手のどこに「共感」し，その気持ちを非言語と組みあわせて伝えられたか。 ○教師も気づきを得られたことなどの感謝や思いを伝える。 ○積極的に練習をすることを促す。

ワークシート

氏名（　　　　　　　　　　　）

異性と上手にかかわるスキル

① 本日のペアと班メンバー（自分とペアを含めて4～6人）を決め，氏名を書きましょう。
　　本日の異性のペア（　　　　　）・（　　　　　　）
　　班メンバー　（　　　　　　）・（　　　　　　　）・（　　　　　　　）・（　　　　　　　）・（　　　　　　　）

【ビンゴゲーム～私の好きな食べもの～】

② 自分の好きな食べものを，1マスに1つずつ記入してください。

③ 班ごとで，順番に1人1つずつ好きな食べものを発表していき，同じものがあれば○をつけていきます。あと1つでそろう時は「リーチ！」と言いましょう。
④ 全員がビンゴできましたか？　友達と同じものはいくつありましたか？　やってみた感想を書き，班ごとにふり返ってみましょう。

1　「性差」とは

①生物上の男女の違い　→「セックス」
②社会的・文化的な違い→「ジェンダー」（例）「女性（男性）は～すべき」

2　「異性と上手にかかわるスキル」について，モデルからわかったことをまとめましょう。

【ポイント】
①みんな異性と上手にコミュニケーションをとりたいと思っている。
　→みんな緊張や不安をもっている。
②ジェンダーにより，考え方が違うことがある。
③同性でも考え方は違う。
④自分とは違う，1人の人間として理解していくことが大切。

「話す・聴くスキル」「感情をコントロールするスキル」……を参考にしましょう。

【「共感する」とは？】
①相手の気持ちや考えを表す言葉を伝える。→相手のどこに共感したのか？（例）たくさんあって大変だね！
②共感した気持ちを伝える。→「共感した」気持ちを伝える一言を言う。（例）はやくきれいにできるといいね。
③非言語（ノンバーバル）の行動に表す。（例）アイコンタクトをとりあって，笑顔で手伝う。

3　練習してみましょう！　次のような場面の時，あなたはどのように声をかけますか？

○教室の高いところに大きな掲示物を貼ろうとして，1人で苦労しているクラスメート（異性）が，あなたの目に入りました。

●あなたが教室の高いところに大きな掲示物を貼ろうとして，1人で予想以上に手間取っていたところ，クラスメイト（異性）がいるのに気づきました。

2章　これだけは，徹底したいターゲットスキル

ふり返りシート

氏名（　　　　　　　　　　　　）

今日，班メンバーで最後に話した内容（ワークシートの3）についてまとめておきましょう。

メンバーのよかったところ（メンバーから学んだこと）

自分の改善点（もっとこうすればよかったと思ったこと）

1　今回の授業で取りあげたスキルは「異性と上手にかかわるスキル」でした。
　　今日の授業をふり返ってみましょう。

	もう少し → できた				
①5つの授業のルールを守ることができた。	1	2	3	4	5
②今回の授業の内容について理解できた。	1	2	3	4	5
③今回の授業に積極的に参加できた。	1	2	3	4	5
④学んだスキルを積極的に生活に取り入れてみようと思う。	1	2	3	4	5

2　今回の授業を通して学んだこと，思ったことなどを自由に書いてください。

練習で君もスキル名人！

氏名（　　　　　　　　　　　）

チャレンジシート

相手がどのように伝えているかに注目（よく観察）して，相手の気持ちや考えを想像してみましょう！

【共感する】
①相手の気持ちや考えを表す言葉を伝える。→相手のどこに共感したのか？（例）たくさんあって大変だね！
②共感した気持ちを伝える。→「共感した」気持ちを伝える一言を言う。（例）はやくきれいにできるといいね。
③非言語（ノンバーバル）の行動に表す。（例）アイコンタクトをとりあって，笑顔で手伝う。

【感情のコントロール】	【話すスキル】	【聴くスキル】
①深呼吸する	①声の大きさ	①身体を向ける
②間をとる	②表情	②あいづち・うなずき
③その場から離れる	③姿勢	③視線（アイコンタクト）
④相手に自分の気持ちを伝える	④距離	④最後まで聴く
⑤その他(セルフトーク，好きなことをイメージ)	⑤アイコンタクト	
	⑥身ぶり・手ぶり	

思い出してチャレンジ！

1　異性とのコミュニケーションで，いつ，誰と，どのような場面で，どのようなスキルを活用できましたか？　下記の表に記録してみましょう。

いつ	誰と（異性）	どんな場面で	どのようなスキルを活用できたか
（例）〇月〇日	吹奏楽部の女子（部長）	うまく部員をまとめられないという悩み相談を受けた時。	目を見てあいづちをうちつつ，最後まで話を聴き，部長の努力にジーンときたことを心を込めて伝えた。
〇月〇日	クラスの女子	授業中，消しゴムが自分の机の下に転がってきた時。	すぐに拾って，「ハイ」と笑顔で手渡せた。
月　日			
月　日			

2　実際にやってみた感想を書いてください。相手の反応はどうでしたか？

2章　これだけは，徹底したいターゲットスキル

スキル16 計画を実行するスキル
目的を達成するために

このスキルのテーマ〜主題設定の理由〜

学校生活だけでなく，日常生活や人生において，目的のある活動には計画が欠かせない。にもかかわらず十分な計画を立てないままに実行につき進んでしまって失敗し，計画だおれになったという経験が誰にでもあるだろう。「計画を立てる」ということは何かものごとをはじめる際のスタートとなり，適切な計画なしには目的を達成することは難しい。計画の大切さを知り，計画を立てるにもスキルが必要だということに気づかせたい。

一言で計画と言っても，学習計画や夏休みの計画のような個人的なものから，学校行事などの集団で行う計画までさまざまあるが，いずれにせよ中高生が社会に出てもおおいに役立つスキルの１つであるため，計画をする大切さに気づかせ，そのためのスキルを身につけさせたい。

インストラクションの板書例

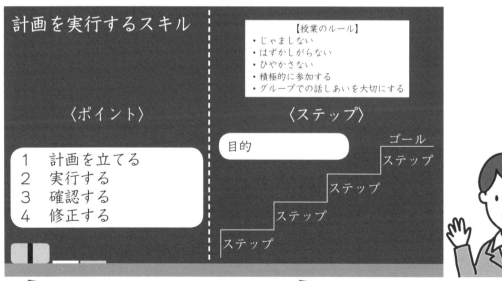

ポイントを１項目ずつ丁寧に説明する。

目的達成のためのステップをイメージし，どこに向かって何ができるかをゴールを小分けにして考える。

ねらい

　ねらいの1つ目としては，今までの失敗体験の多くは自分の能力や環境のせいではなく，計画の失敗，段取りの悪さからくるものであることに気づかせたい。また，ある目的を達成させるためには計画力・行動力・予測力などの力を必要とするが，それぞれスモールステップを活用するとうまくいき，さまざまな場面で応用できることを伝える。2つ目は計画を実行していく時には常に「なぜ，何のためにするのか」という「目的」を忘れないことを確認したい。目的を忘れてしまうと意図していたものと違った方向へ進んでしまう可能性があり，その結果達成まで遠回りし余計な時間がかかる恐れがある。もちろんクラスで計画を立てる時には「何のため」という共通理解が必要になる。さらに，計画は完璧でも想定外の出来事は起こる。想定外のことが起こったとしても目的がはっきりしていれば，達成することができる。

本スキルの取り扱いポイント

(1) 資料の取り扱い

　第1の着眼点は，計画通りにいかなかった，段取りが悪く失敗した，という経験から目的を確実に達成するためにはどうすればよかったのかというふり返りにある。計画を立てることの大切さを再認識させた後，「計画」「実行」「確認」「修正」という手順で「友達と旅行に行く」という設定で計画を立てさせる。その際の最大のポイントはその旅行の目的は何かを最優先に考え，どの段階においても常に目的を忘れずに計画を練ることである。設定は「合唱コンクールに参加する」や「文化祭でのクラスのだしものを決めて披露する」など適宜変更する。

(2) この時間での工夫

　計画を立てる際，1番はじめにすることは目的を明確化し，実行していく中でぶつかりそうな課題や問題点をすべてあげ，その対処法や対策を考えるということである。具体的な計画を立てる状況設定をしたあとで，計画表を使いながら計画を立て実行するスキルを学ぶ。

評価の観点と事後指導

【評価の観点】　計画を立てる大切さを理解できたか。
　　　　　　　目的の設定ができたか。
　　　　　　　計画を立てるポイントや手順が理解できたか。
　　　　　　　問題点や課題を事前に予測することはできたか。
【事後指導】　「計画」「実行」「確認」「修正」しながら目的を達成することは容易ではないことを認識し，なにごとも習慣化させ練習が大事であることを伝える。

指導案

	学習活動・主な発問と予想される生徒の発言	指導上の留意点
導入	1　前回の授業のふり返りと授業のルールの確認を行う。 2　「計画を立てる」ということに関して簡単な質問をする。 【インストラクション】 ■「今までどんな計画を立てたことがありますか」 「その時の計画はうまく実行できましたか。計画通りにいかなかった時は何が原因だったと思いますか」	○練習が大事であることを確認する。 ○計画に対するありがちな誤解について確認する。 ○教師の体験談を具体的な例をあげながら話す。適切な計画なしには目標を達成することは難しく、計画を立てるにもスキルが必要だということに気づかせる。
展開	【モデリング】 ■計画を実行する時のスキルのポイントを説明する。 　①目標を立てる。 　②ゴールから1つずつさかのぼって考える。 　　何をしたらゴールへ行けるのか。 　③やるべきことを思いつくまますべてあげる。 　④考えられる問題点をあげる。 　⑤シミュレーションをする。 【リハーサル】＆【仲間からのフィードバック】 ■ワークシートを用いてグループで行動計画を立てる。 「具体的にすべきことや予想される問題点などを、タスクの大きさや順序を意識しないで思いつくままにリストアップしてみよう。次にリストアップしたものを順番に並べかえてさらに具体化させよう」 設定：クラスの友達4人で春休みに旅行に行く。出発予定日まであと1か月である。 目的：クラスメイトとの思い出づくり。	○計画を立てるポイントや手順を丁寧に説明する。 ○目的の達成を常に最優先で考えること。また、計画は具体的であるほど行動しやすいことを伝える。 ○ゴールに向かって今できることをさかのぼらせて考える。ステップをふんでいくイメージを意識させる。 ○実際に行動できなかった時はあきらめるのではなく、計画を修正すればよいのだということを強調する。 ○細かな点まで多くの指摘をするのではなく、できたところをほめる。
終末	【教師からのフィードバック】 ■「今後の計画実行時の反省点や改善点はノウハウとして残しましょう。また、もっといい方法はないか知恵をしぼりだして、チャレンジする姿勢も必要です」 【チャレンジ】 ■授業の内容をまとめ、ふり返る。 どれだけ大きな目標でも計画をしっかり立てることで、するべきことがはっきりしてスムーズに目的を達成することができることを確認する。日常生活で実践することを促す。	○「計画」「実行」「確認」「修正」しながら目的を達成することは容易ではないが、なにごとも習慣化させ練習が大事であることを伝える。

ワークシート

氏名（　　　　　　　　　　）

計画を実行するスキル

1 「計画を実行する」ということに関して Yes か No に○をつけましょう。
　① 数々の失敗をしてきたがそれはすべて自分の性格のせいだと思う。（ Yes ／ No ）
　② 過去に失敗したことはもう失敗しないと思う。　　　　　　　　（ Yes ／ No ）
　③ 一度計画を立てたら途中で変更してはいけないと思う。　　　　（ Yes ／ No ）
　④ とりあえず行動すれば何とかなると思う。　　　　　　　　　　（ Yes ／ No ）

2 ふり返りましょう。
　① 今までどのような時に計画を立てましたか。

　|　　　　　　　　　　　　　　　　　　　　　　　　　　　　　　　　　　　　　|

　② その時の計画は実行できましたか。計画通り実行できた時は何がよかったと思いますか。
　　また，計画通りにいかなかった時は何が原因だったと思いますか。

　|　　　　　　　　　　　　　　　　　　　　　　　　　　　　　　　　　　　　　|

3 「計画を実行するスキル」のポイントを書きましょう。

①（　　　　　　）を立てる
　（　　　　　　　　　　　）を明確にする。やるべきことを思いつくままにすべてあげる。考えられる
　（　　　　　　）を予測する。（　　　　　　　　　　　）をするとリアルにイメージできてもれている
ことがらが見つかるかもしれない。
②（　　　　　　）する
　どんなに綿密につくられた計画であっても実行段階で必ず想定外の（　　　　　　）は出てくる。
　お互いに報告・連絡・相談を忘れずに。
③（　　　　　　）する
　（　　　　　　）・（　　　　　　　　　）ともに計画通りか調査し確認する。
④（　　　　　　）する
　必ずしも予定通り進むわけではない。随時計画の見直しをして（　　　　　　　　）をくり返しをして
　いく。また反省点や改善点はノウハウとして残していくとよい。

※3の空欄記入例
①計画／目的・目標／問題点／シミュレーション　②実行／問題点　③確認／時間／内容　④修正／改善

2章　これだけは，徹底したいターゲットスキル

4 演習

クラスの友達4人と春休みの旅行の計画を立てます。出発予定日まであと1か月となりました。出発までに準備することには何がありますか。下の計画表に記入していきましょう。
旅行の目的は，ここでは「クラスメイトとの思い出づくり」をテーマとして設定します。

目的：

<計画表1>思いつくままに，具体的にすべきこと，予測される問題点や改善策をリストアップしましょう。

具体的にすべきこと	予測される問題点	改善策

<計画表2>目標を達成するためにやるべきことを目標からさかのぼって，順番に並べかえてさらに具体的に誰がいつまでに行うのか記入しましょう。

順番	具体的にすべきこと	誰がするのか	期限	チェック

<計画の修正>うまくいったところ，いかなかったところを確認しその都度計画を修正しましょう。

うまくいかなかったところ	修正計画

ふり返りシート

氏名（　　　　　　　　　　　　）

1　今回の授業で取り上げたスキルは「計画を実行するスキル」でした。
　　今日の授業をふり返ってみましょう。

	もう少し → できた				
①5つの授業のルールを守ることができた。	1	2	3	4	5
②今回の授業の内容について理解できた。	1	2	3	4	5
③今回の授業に積極的に参加できた。	1	2	3	4	5
④学んだスキルを積極的に生活に取り入れてみようと思う。	1	2	3	4	5

2　今回の活動を通して感じたこと，考えたことなどを書いてください。

------------------キ　リ　ト　リ------------------

練習で君もスキル名人！（チャレンジシート）

氏名（　　　　　　　　　　　　）

学んだスキルを生活の中でどのくらい生かすことができましたか。
どんな計画を立てましたか。下の表に記入してみましょう。

やるべきこと	期限	予測される問題点	改善策

2章　これだけは，徹底したいターゲットスキル

スキル17 問題解決のスキル

いろいろな問題に落ち着いて対応するために

このスキルのテーマ〜主題設定の理由〜

　中高生の時期は，毎日学習や友人関係・部活・家庭生活などの場面において，さまざまな問題が生じている。問題が複雑にからみあっていることも少なくない。そのため，何が問題なのかを把握しないまま，生徒たちは思いつきで行動し，さらに事態を悪くしてしまうことがよくある。また，問題の原因が明らかでも，解決方法がすぐに見つからなかったり，仲間や家族・教師などからアドバイスをもらっても，どの解決方法がベストかわからず，不安を抱いたり焦ったりしてしまう。その結果，落ち着いて対処できない状況になるとも考えられる。

　そこで，さまざまな問題の状況を冷静に分析して，解決策を講じていくためのスキルが重要となる。ここでは，中高生が日常的に陥りやすい対処の仕方を整理・分析して，より効果的な解決策を見いだすことによって，日常のいろいろな問題に落ち着いて対応するための方法について考えることをねらいとする。

インストラクションの板書例

```
問題解決のスキル                    【授業のルール】
【問題を解決するとは】              ・じゃましない
  解決の方法がすぐにはわからない    ・はずかしがらない
問題状況を理解して，その問題解決    ・ひやかさない
のために取り組もうとすること        ・積極的に参加する
                                    ・グループでの話しあい
【問題解決のポイント】                を大切にする
①問題は何か（問題を明らかにする）
②解決方法をいろいろ考える
③ベストな解決方法を選ぶ
④その方法を選ぶとどのようなこと
　になるか結果を予測する
```

ねらい

日常の生活の中で出会うさまざまな問題を解決するために，その問題の要因や背景，そして解決策をどのように見いだしていったらよいのか，さまざまな角度から検討すること。特に，ここでは，あわてずに落ち着いて対応するための具体的な方法についても検討し，問題の状況や自分にあった対応をできるようにしたい。

本スキルの取り扱いポイント

(1) 資料の取り扱い

第1の着眼点は，問題を解決する過程の中で，落ち着いて対応できなかった経験をワークシートを活用してふり返りながら，その原因や背景を分析し，問題解決のためのポイントをしっかり理解させることである。特に教師の例示が理解を深める上で重要である。

第2の着眼点は，生徒自身が解決したい具体的な問題に落ち着いて対応するために，問題解決のポイントを参考にしながら分析・検討させることである。ここでは，教師のモノローグ・モデリングの提示やグループ内での話しあいが重要になる。授業の中で自身の問題解決について検討することが難しい場合は，事前のアンケートなどをもとに教師が用意した事例をグループごとに検討させ，ホームワーク（チャレンジシート）として自分の課題に取り組ませる方法も考えられる。

(2) この時間での工夫

本時の導入では，事前に実施したアンケートを活用して，問題解決時における感情面についてふれ，本時のインストラクションへの関心を高めたい。インストラクションでは，具体例を示しながら説明することが大切である。特に，問題解決に向けて，効果的なステップが存在することを示唆し，解決することへの意欲を高める。現状をしっかり分析し，問題点をしっかり整理していくことが，情緒的な安定にもつながることに気づかせたい。解決策については，実行可能なものを段階的に考えさせていく。また取り組む過程の中で，例えば深呼吸などでリフレッシュして気持ちを落ち着かせて対処していくことや，信頼できる仲間や家族・教師などからの助言を得ることなども重要なことであると理解させたい。

評価の観点と事後指導

【評価の観点】　問題解決のためのポイントが理解できたか。
　　　　　　　問題解決のための対応策が具体的にできたか。
【事後指導】　成功体験と失敗体験の両方を経験することで，さらに問題解決のスキルが高まっていくことを理解させたい。

指導案

	学習活動・主な発問と予想される生徒の発言	指導上の留意点
導入	1　問題に落ち着いて対応できなかったことがあったかふり返り，その要因を考える。 2　授業は，「落ち着いて問題に対応できるようにすること」を学ぶ時間であることを理解する。	○事前に実施したアンケートをもとに，授業の導入への関心を高める。 ○授業のねらいや活動内容を明確にする。
展開	【インストラクション】 ■いろいろな問題に落ち着いて対応するために，「問題解決力」を高めることの重要性を理解させ，その要点について説明する。 ＜ポイント＞ ①問題は何か（問題を明らかにする）。 ②解決方法をいろいろ考える。 ③ベストな解決方法を選ぶ。 ④その方法を選ぶとどのようなことになるか結果を予測する。 【モノローグ】 ■問題解決の体験を教師自身が語る。 【モデリング】 ■問題解決の方法を具体例を通して学ぶ。 　モデル　：部活動内でのチームワークが悪化。 　（悪い例）：スキルのどこかのステップが欠けているために，さらに悪化。 　（よい例）：スキルのステップをきちんとふんでおり，事態がよくなる。 【リハーサル】＆【仲間からのフィードバック】 ■事例をポイントにしたがい検討して，解決策を考える。グループ内で意見交換し修正する。 ○各グループ発表を通して解決方法を深める。	○情緒的な問題を解決するには，問題解決のスキルを習得する必要があると気づかせる。 ○要点の説明では，具体例をあげて理解しやすいように配慮する。 ○深呼吸やリフレッシュの効果について説明してもよい。 ○情報収集や助言などを参考にして取り組むこともできると説明する。 ○教師自身の体験を気持ちも含めて開示することにより，生徒の問題解決への意欲が高まるようにする。 ○成功例と失敗例の違いに注目させる。 ○教師のモデリングを参考にして対応策を考えさせる。 ○問題解決のスキルのステップが明確になるようにモデルを示す。 ○モデルはネット上のトラブルでもよい。 ○グループごとに1つの問題を提示し，ブレーンストーミングを活用するなどして検討させてもよい。 ○仲間の解決策を参考にして，よりよい解決方法を考えさせる。
終末	【教師からのフィードバック】 ■本時で学んだことを整理し，実践を重ねるように働きかける。 【チャレンジ】 ■ふり返りシートに記入する。	○失敗と成功をくり返すことで問題解決力が高まることも理解させる。 ○対面上だけでなく，ネット上でも同様にポイントを押さえて対応することを伝えてもよい。 ○実践への意欲づくりとしたい。

ワークシート

氏名（　　　　　　　　　　）

問題解決のスキル　いろいろな問題に落ち着いて対応するために

1　いろいろな問題に出会うとあわててしまうのはなぜでしょうか。
　　また，どのようなことに気をつけたらよいのか考えてみましょう。

2　「問題を解決する」とは

解決の方法がすぐにはわからない問題状況を理解して，その問題解決のために取り組もうとすること。

【問題解決のポイント】
①問題は何か（問題を明らかにする）
②解決方法をいろいろ考える
③ベストな解決方法を選ぶ
④その方法を選ぶとどのようなことになるか結果を予測する

3　「問題解決のスキル」で解決してみましょう。

解決したい問題：

①問題は何でしょう。

②解決方法をたくさん考えてみましょう。

③どの解決方法がベストでしょう。

④その解決方法を選ぶと，結果はどうなるでしょう。

4　グループでの話しあいから学んだことをまとめましょう。

ふり返りシート

氏名（　　　　　　　　　　　）

1　今回の授業で取りあげたスキルは「問題解決のスキル」でした。
　　今日の授業をふり返ってみましょう。

	もう少し　→　できた				
①いろいろな問題に出会うと，なぜあわててしまうのか考えることができた。	1	2	3	4	5
②「問題解決のスキル」の内容や手順について理解できた。	1	2	3	4	5
③問題解決に向けて積極的に取り組むことができた。	1	2	3	4	5
④今回の授業に積極的に参加できた。	1	2	3	4	5
⑤グループ内の話しあいに積極的に参加できた。	1	2	3	4	5
⑥学んだスキルを積極的に生活に取り入れてみようと思う。	1	2	3	4	5

2　今回の授業を通して学んだこと，思ったことなどを自由に書いてください。

練習で君もスキル名人！

氏名（　　　　　　　　　　　）

チャレンジシート

1　学んだ「問題解決のスキル」を使って，自分がこれから解決したい問題に取り組んでみましょう。

問題解決のスキル　いろいろな問題に落ち着いて対応するために
①解決したい問題
②問題は何でしょう
③解決方法をたくさん考えてみましょう
④どの解決方法がベストでしょう（やれそう，できそう）
⑤その解決方法を選ぶと，結果はどうなるでしょう
気がついたこと

今後もやってみましょう。

2　「問題解決のスキル」を練習しての感想や気づきを書きましょう。

【いろいろな問題にあわててしまったケースについて考えてみましょう（アンケート）】

クラス　　　番号　　　名前

いろいろな問題に出会った時，あわててしまい落ち着いて対応できなかったケースについてふり返ってみましょう。どんなケースで，どうしてそうなってしまったのでしょう。
○失敗したケース（あわててしまったケース）

落ち着いて対応できたケースについて，ふり返ってみましょう。どんなケースで，どうしてうまくいったのでしょう。
○うまくいったケース（落ち着いて対応できたケース）

2章　これだけは，徹底したいターゲットスキル

スキル18 ストレスに対応するスキル
自分の心と身体の関係とは

このスキルのテーマ〜主題設定の理由〜

中高生は，家族や友人，教師といった周囲の人との関係で悩んだり，自身の学習や将来の進路のことで自分を見つめ直したりする多感な時期である。子どもたちはそういった多くの悩みに押しつぶされそうになることも多く，ついつい人を傷つけることを言ってしまうことも少なくないだろう。しかし，こういった場面では自分が本当はどのような気持ちからストレスを感じているのか，気づけていない場合も多い。

ここでは，ストレスを感じると私たちはどのような感情を抱くのか，そこから身体や行動がどのように変化するのか，気づくことをねらいとする。そうすることで，どのようにストレスに対応するスキルが使えるのかを考えさせることができるだろう。また，身体や行動の変化が他者の感情に気づくことにつながると教えることで，良好な人間関係を維持するヒントを与えることができると考えられる。

インストラクションの板書例

ストレスに対応するスキル

【ストレスに対応する】
・ストレスを感じると言っても，じつはいろいろな感情があることに気づく。
→感情によって口調や表情，手足のあたたかさなどが変化する。この変化に気づくことが，感情をコントロールするヒントになる。

【ポイント】
①ストレスを感じると，いろいろな感情がわく。
②いろいろな感情がわくから，身体にも変化がある。（表情が暗くなる，口数が減る，など）
③身体の変化に気づくことは，自分の今の感情を知る手助けになる。
④相手の身体の変化に気づくことは，相手の感情に気づくきっかけにもなる。

【授業のルール】
・じゃましない
・はずかしがらない
・ひやかさない
・積極的に参加する
・グループでの話しあいを大切にする

授業中，そのまま残しておく，消さない。

生徒の意見を書いたり，写真を貼ったりする。

ねらい

まず「ストレスを感じる」と言っても，その時の感情にはさまざまなものがあることに気づかせる。次にその感情によって，表情や口調，声の大きさや，体温や感覚といった身体の変化があることに気づかせる。そういった変化に気づくことが，自分や相手の感情を理解するための手助けになること，ストレスを上手にコントロールできる第一歩であることを伝える。

本スキルの取り扱いポイント

(1) 資料の取り扱い

第1の着眼点は，ワークシートの感情チェックリストと身体の変化チェックリストを，自分がストレスを感じた時のふり返りに使うように意識させることである。

第2の着眼点は，これらのリストはチャレンジシートにおいても活用できるため，日頃からこのリストを参考にするよう促すことである。

ここに掲載した以外にもストレスを感じた時の感情や身体の変化は考えられるので，生徒からの積極的で自由な発言も取り入れるようにしたい。

(2) この時間での工夫

TAのモデリングを見せることによって，ストレスを感じると表情や口調など非言語が変化することを生徒に気づかせたい。そのあとに教師やTAが，過去にストレスを感じるとどういう身体の変化があったか，その体験を語る。そうすることで，生徒自身がストレス体験をふり返りやすくなるだけでなく，身体の変化が自分の感情に気づくヒントになること，自分のストレスに対する反応が他者にも影響を与えていることを，生徒がより深く学ぶことができると考えられる。

(例)「例えば先生はね，口数が少なくなると友人から『今日はイライラしてるんだなー』と気づかれ，『今日はあんまり話しかけないでそっとしておこうかな』と気づかうと言われました。友人からそのことをきいてはじめて，自分にはイライラすると口数が減る癖があるんだ，と気づきました」

評価の観点と事後指導

【評価の観点】　過去の体験から，ストレスを感じるとどんな気持ちになり，どんな身体の変化があるのか想起できたか。

【事後指導】　ストレスを感じるというのは，具体的にどんな気持ちなのかふり返らせる。表情や口調の変化は，他者の感情への気づきにもなることを理解させる。

指導案

	学習活動・主な発問と予想される生徒の発言	指導上の留意点
導入	1 前回の授業のふり返りと授業のルールの確認を行う。 ○チャレンジの結果をもとにする。 2 アイスブレーキング：「私がこの気持ちになる時は」 ・言葉がなくても感情はわかることに気づいた。 ・言葉を言わずに感情を表すことは難しい。	○練習が大事であることを確認する。 ○感情が書かれたカードをいくつか用意し、言葉を使わないで感情を表すように促す。
展開	【インストラクション】 ■「みなさんはどんな時にストレスを感じますか？その時、どんな方法で解消していますか？」 【モデリング】 ■「ストレスと上手につきあうためには、まずストレスを感じたら身体や行動にどんな変化があるのか、気づくことが大事です。実際にモデリングを見てみましょう」 モデル1：険しい表情で、きつい口調。 「あー！ こんな点数じゃ志望校に行けねーじゃん！」 モデル2：悲しげな表情で、小さい声でぼそぼそ。 「はぁ……こんな点数じゃ、志望校に受からない……」 ■「モデル1・2は、それぞれどんな気持ちでどんな身体の変化があったでしょうか」 ■「どちらも同じ悩みなのに、口調や表情がまったく違います。それは気持ちが違うからです。ストレスを感じると言っても、その時の気持ちはさまざまです。そういった気持ちに気づくためにも、身体の変化に気づくことは重要です」 →ストレスに対応することと、ポイント①〜③について説明する。 【モノローグ】 ■教師自身が、他の人の身体の変化を見て接し方を変えた経験、もしくは自分がストレスを感じていた時、身体の変化を指摘された経験を話す。 →ポイント④の説明。 【リハーサル】＆【仲間からのフィードバック】 ■ワークシートに、ストレスを感じた状況の気持ちと身体の変化を書かせる。 ■ペアでお互いに書いたことを発表させる。感想を発表させ、身体の変化や気持ちの多様さに気づかせる。	○生徒に日頃どんな時にストレスを感じたかふり返らせる。 ○積極的な発言を促す。 ○モデリングはTAが行う。 ○表情や口調、声の大きさなど、どのような変化があったのか生徒の回答を促す。 ○ポイント①・②の説明には、ワークシートのチェックリストを使う。 ○チェックリスト以外の感情や身体の変化があれば、発言するよう促す。 ○TAと教師は巡回して、ワークシートへの書き込みを促す。 ○発表は、ワークシートの左側から順番に発表させる。
終末	【教師からのフィードバック】 ■普段から身体の変化を感じとり、どんな感情が関係しているのか意識する。 ■感情に気づくことが上手なコントロールへの手がかりにもなる。 ■相手の身体の変化にも注目してみると、接する時のヒントになる。 【チャレンジ】 ■日常生活で身体の変化と感情を意識させるようにする。	○「感情をコントロールするスキル」とあわせて取り組めるといいことを伝える。 ○普段から練習することを促す。

ワークシート

氏名（　　　　　　　　　　　　　　）

ストレスに対応するスキル

1　「ストレスに対応する」とは

【ストレスに対応する】
　ストレスを感じると言っても，じつはいろいろな感情があることに気づく。
→感情によって口調や表情，手足のあたたかさなどが変化する。この変化に気づくと，感情をコントロールしやすくなったり，自分や他の人の感情に気づきやすくなったりする。

【ポイント】
①ストレスを感じると，いろいろな感情がわく。
②いろいろな感情がわくから，身体にも変化がある。（表情が暗くなる，口数が減る，など）
③身体の変化に気づくことは，自分の今の感情を知る手助けになる。
④相手の身体の変化に気づくことは，相手の感情に気づくきっかけにもなる。

ストレス時の感情チェックリスト	ストレス時の身体の変化チェックリスト	
□泣きたくなる □落ち込む □誰かになぐさめてほしい □イライラする □くやしい □感情を抑えられない □やる気が起きない □1人でいたい □話や行動がまとまらない □何かに集中できない □その他 （　　　　　　　　　）	【顔】 【呼吸】 【話し方】 【手足】 【その他】 □（	□顔が赤く（青白く）なる □表情が変わる（眉間にしわがよる，涙が出る） □息が荒くなる，息苦しくなる □声が大きく（小さく）なる □話す速度がはやく（遅く）なる □口数が多く（少なく）なる □手足がつめたく（あたたかく）なる □手が握りこぶしになる □手のひらが汗ばむ □身体が重くなる □胸がどきどきする □胸がぎゅっと苦しくなる □お腹が痛くなる，口が渇く 　　　　　　　　　　　　　　　　　　）

2　ストレスを感じた時のことを，もっと考えましょう。
　　上のチェックリストを参考に，ストレスを感じた時のことをふり返ってみましょう。

どんな時にストレスを感じる？	→	どんな気持ち（感情）がある？	→	どんな身体の変化があっただろう？

2章　これだけは，徹底したいターゲットスキル

ふり返りシート

氏名（　　　　　　　　　　）

1　今回の授業で取りあげたスキルは「ストレスに対応するスキル」でした。
　　今日の授業をふり返ってみましょう。

	もう少し　→　できた				
①5つの授業のルールを守ることができた。	1	2	3	4	5
②今回の授業の内容について理解できた。	1	2	3	4	5
③今回の授業に積極的に参加できた。	1	2	3	4	5
④学んだスキルを積極的に生活に取り入れてみようと思う。	1	2	3	4	5

2　今回の授業を通して学んだこと，思ったことなどを自由に書いてください。

参考　【感情カード】
　　　カードに書かれた感情を，言葉を使わないで相手に伝えてみましょう。

| 楽しい | 悲しい | イライラする | びっくりする |

| はずかしい | くやしい | ワクワクする | うれしい |

| 寂しい | 落ち込んだ | 怖い | 困る |

練習で君もスキル名人！

氏名（　　　　　　　　　　　　）

チャレンジシート

1 学んだスキルを生活の中でどのくらい生かすことができましたか。
①〜③についてふり返り，「よくできた時は○」「ときどきできた時は△」「できなかった時は×」をつけましょう。

（　）月（　）日から（　）月（　）日まで

ストレスに対応するスキル	月	火	水	木	金	土	日
①ストレスを感じたら，どんな身体の変化があったのか気づけた。							
②どんな気持ちからストレスを感じていたのか気づけた。							
③相手の身体の変化を見て，どんな気持ちか考えられた。							
他に「これはストレスに対応するスキルだな」と思うことがあれば下に加えて１週間できるかやってみましょう。							

2 「ストレスに対応するスキル」が上手に使えた場面をふり返りましょう。

どんな時にストレスを感じる？	→	じつはどんな気持ち？	→	どんな身体の変化があっただろう？

どんな時にストレスを感じる？	→	じつはどんな気持ち？	→	どんな身体の変化があっただろう？

3 「ストレスに対応するスキル」を練習した感想や気づきを書きましょう。

引用・参考文献

- 馬場禮子・永井撤（1997）『ライフサイクルの臨床心理学』培風館
- 保坂亨（2010）『いま，思春期を問い直す　グレーゾーンにたつ子どもたち』東京大学出版会
- 金山元春（2006）「学校にソーシャルスキルを提案する」相川充・佐藤正二『実践！　ソーシャルスキル教育』図書文化社
- 加藤嘉夫（2013）『誰でも段取り上手になれる　やさしいPDCA』GAPS
- 国立教育政策研究所（2014）『OECD　生徒の学習到達度調査　PISA2012年問題解決能力調査—国際結果の概要—』
- 河村茂雄（2001）『グループ体験によるタイプ別！　学級育成プログラム』図書文化社
- ネガポ辞典制作委員会（2012）『ネガポ辞典　ネガティブな言葉をポジティブに変換』主婦の友社
- 西村克己（2006）『論理的な考え方が身につく本　問題解決力がアップする35の思考スキル』PHP研究所
- 文部科学省（2008）『中学校学習指導要領解説　道徳編』日本文教出版
- 大渕憲一（2010）『謝罪の研究　釈明の心理とはたらき』東北大学出版会
- 大貫和則・鈴木佳苗（2008）「高校生のケータイメール利用時に重視される社会的スキル」『日本教育工学会論文誌　31』pp.189-192
- 浦正樹（2013）『「実行」に効く計画の技術』翔泳社
- 和田秀樹（2012）『ケアレスミスをなくす50の方法』ブックマン社
- 渡辺弥生（2005）『親子のためのソーシャルスキル』サイエンス社
- 渡辺弥生（2011）『子どもの「10歳の壁」とは何か？　乗りこえるための発達心理学』光文社
- 渡辺弥生・小林朋子（2009）『10代を育てるソーシャルスキル教育』北樹出版
- 山崎勝之・戸田有一・渡辺弥生（2013）『世界の学校予防教育　心身の健康と適応を守る各国の取り組み』金子書房

実践協力校等

- 神奈川県秦野市立西中学校　関野信好校長及び第２学年の先生方（２章12・17）
- 本書の実践の一部は，日本学術振興会科学研究費助成事業基盤研究（Ｃ）「課題番号25380890」の助成を受けました。

【執筆者紹介】(執筆順)

渡辺　弥生	法政大学文学部	(1章1・2)
原田恵理子	東京情報大学総合情報学部	(1章3・4)
小林　朋子	静岡大学教育学部	(1章5)
星　雄一郎	法政大学大学院博士後期課程	(1章6)
白井　孝明	静岡県静岡市立清水第二中学校	(2章1・2)
原　良通	長野県教育委員会事務局	(2章3・5)
竹鼻　崇浩	長野県佐久平総合技術高等学校	(2章4・8)
佐藤　美和	千葉県立千葉南高等学校	(2章6・16)
鈴木　和也	山梨県立高等支援学校桃花台学園	(2章7・13)
栗林　俊哉	新潟県長岡市立山古志小学校	(2章9)
社浦　竜太	法政大学大学院博士課程	(2章10)
森田　隆行	新潟県南魚沼市立総合支援学校	(2章11)
古屋　茂	東海大学課程資格教育センター	(2章12・17)
齊藤　敦子	千葉県立国府台高等学校	(2章14・15)
藤野　沙織	法政大学大学院博士課程	(2章18)

【編著者紹介】

渡辺　弥生（わたなべ　やよい）
法政大学文学部心理学科教授。法政大学大学院ライフスキル教育研究所所長。教育学博士。
専攻：発達心理学，発達臨床心理学，学校心理学
著書：『子どもの「10歳の壁」とは何か？　乗りこえるための発達心理学』（光文社）
　　　『10代を育てるソーシャルスキル教育』（北樹出版）
　　　『親子のためのソーシャルスキル』（サイエンス社）
　　　『絵本で育てるソーシャルスキル』（明治図書）
　　　『保育系学生のための日本語表現トレーニング』（三省堂）
　　　『看護系学生のための日本語表現トレーニング』（三省堂）
　　　『世界の学校予防教育　心身の健康と適応を守る各国の取り組み』（金子書房）
　　　など多数。

原田　恵理子（はらだ　えりこ）
東京情報大学総合情報学部総合情報学科准教授。教職・学芸員課程。心理学博士。
専攻：学校臨床心理学，発達臨床心理学，学校心理学
著書：『高校生のためのソーシャルスキル教育』（ナカニシヤ出版）
　　　『絵本で育てるソーシャルスキル』（明治図書）
　　　『自己成長を目指す教職実践演習テキスト』（北樹出版）
　　　『最新生徒指導論』（大学教育出版）
　　　『最新進路指導論』（大学教育出版）
　　　『ICTを活用した新しい学校教育』（北樹出版）
　　　など多数。

中学生・高校生のためのソーシャルスキル・トレーニング
スマホ時代に必要な人間関係の技術

2015年12月初版第1刷刊　Ⓒ編著者	渡　辺　弥　生
2025年3月初版第14刷刊	原　田　恵理子
発行者	藤　原　久　雄
発行所	明治図書出版株式会社

http://www.meijitosho.co.jp
（企画）茅野　現　（校正）嵯峨裕子
〒114-0023　東京都北区滝野川7-46-1
振替00160-5-151318　電話03(5907)6701
ご注文窓口　電話03(5907)6668

＊検印省略　　　組版所　中　央　美　版

本書の無断コピーは，著作権・出版権にふれます。ご注意ください。
教材部分は学校の授業過程での使用に限り，複製することができます。

Printed in Japan　　　　　　　　ISBN978-4-18-186614-3
もれなくクーポンがもらえる！読者アンケートはこちらから　→